我不愿平平淡淡将就

马叛
——著

北京联合出版公司
Beijing United Publishing Co.,Ltd.

图书在版编目（CIP）数据

我不愿平平淡淡将就 / 马叛著. -- 北京 : 北京联合出版公司, 2016.4（2019.9重印）
ISBN 978-7-5502-7456-3

Ⅰ. ①我… Ⅱ. ①马… Ⅲ. ①随笔－作品集－中国－当代 Ⅳ. ①I267.1

中国版本图书馆CIP数据核字(2016)第067463号

我不愿平平淡淡将就
作　　者：马　叛
责任编辑：夏应鹏
策划编辑：姚　琛
装帧设计：仙　境

北京联合出版公司出版
（北京市西城区德外大街83号楼9层　100088）
北京嘉业印刷厂印刷　新华书店经销
字数180千字　880毫米×1230毫米　1/32　7印张
2016年5月第1版　2019年9月第8次印刷
ISBN 978-7-5502-7456-3
定价：32.00元

序言／感谢那个从不听劝的自己

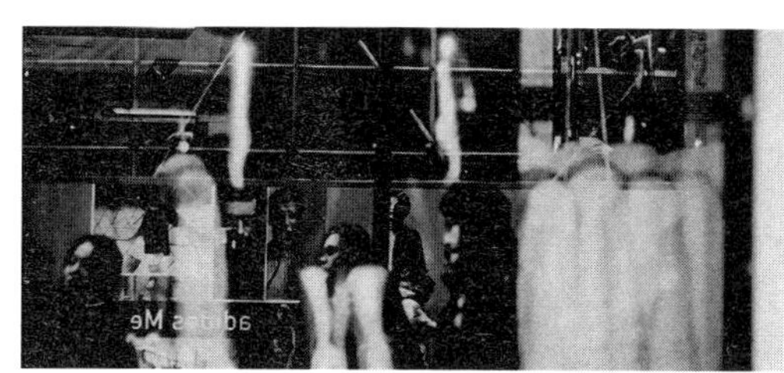

写这本书的时候，刚好遇上我用新笔名开始陆续出版单行本。有许多关心我的朋友都给了我同样的劝告——你都已经红了，干吗要换笔名呢？换笔名意味着从头开始，万一失败了怎么办？

而在此之前，我听到的更多的劝告是：你顶着一个“天涯蝴蝶浪子”这样奇葩的笔名，写一辈子也红不了的，赶紧换个新的吧。

世事就是这样。

不知道你有没有听过一个老人和小孩骑驴的故事，一开始老人牵着驴，小孩骑着驴。有路人看到了就指责小孩子不孝顺，于是小孩子下驴，让老人骑着。结果没走多远又被路人指责说老人不知道爱护幼小。于是老人和小孩都骑上了驴，结果又遇到人说他们不爱惜驴。没办法两个人只好抬着驴走，结果又有人说他们真傻，有驴都不知道骑。

听劝有时候意味着走不远，只能在原地打转，只能在固有的规则里打转。而要想走得更远，通常都要先从不听劝，先从打破规则开始。

或许最终会失败，但去尝试了，起码知道为什么失败。这已经胜过故步自封，停滞不前了。更何况笔名只是一个代号，一本书的价值更多地体现在内容上。

我也正是因为不听劝，才走到了今天。如果从小就是个听话的小孩，那么我现在要么是在读博士，要么是在种小麦，不可能会走上写作这条路。

我出生在河南西部的一个小乡村，亲戚朋友都是地地道道的农民。他们教育孩子只有一句话——好好读书，考上好大学到大城市安家。

如果考不好呢，就只能留在家里，农闲时出去做点小生意，农忙时就在家种地。到了二十岁就开始相亲，有了合适的对象就开始盖房子生孩子。生了孩子之后继续教育孩子好好读书，考上好大学到大城市安家，考不上就留在家里。如此循环。

难道就没有别的路了吗？

我上学时学习成绩并不差，考上好大学没问题，只是我不想走这条周围人都在走，但也没几个真正走通了的路。

于是我退了学。退学后我也不想留在家里，娶媳妇盖房子生孩子这样的人生，在我看来太无趣了。

不上学，不留在家里，整天写作游玩赚不到钱，在家长看来，如果不继续拯救我，我这一生就毁了，最后肯定连个媳妇都娶不到，老了也不会有人养老送终。

太多人劝说我，我也知道劝说我的人都是关心我的，那些不关心的，都等着看我的笑话，根本不会在我面前费口舌。

走一条别人没走过，起码周围人没走过的路是艰辛的，顶着周围人的质疑事小，更多的是毫无经验可循，毫无方向可辨，只能闷头瞎写。

我差不多闷头瞎写了五年，还是没什么名气没什么钱，连基本生活都维持不了。但我还是不想放弃，这时候放弃，浪费了五年不说，关键是回到祖祖辈辈走过的老路上，我一辈子都开心不起来。

“穷则变，变则通，通则达。”写不出名堂之后，我干脆不写了，继续漂泊，四处乱走。也可能是在乱走的过程中得到了启发，也可能是积累了太多年终于爆发出一条路来，总之五年后，仍旧没有放弃的我，看到了光，开始一帆风顺，开始扬名四海。

现在我换了新笔名，正是又走到了穷困的边缘。我想有一些新的突破，十万粉丝、十万销量已经不能让我有成就感。我想挑战更高的存在，换笔名只是一种形式，一种回到最初，找回初衷从新开始的心愿。正所谓不忘初衷，方能走得更远。

如果说我过去只是为了摆脱祖祖辈辈留下的两条路，

自己走出新路来的话，那么从这本书开始，路不路的已经与我无关了。这本书只关乎创作本身，只是为了文学，为了曾经感动、点燃过我的那些光阴而做出的一次全力以赴的尝试。

说是尝试，其实已经不打算回头，以我倔强不听劝的性格，无论这条路是否走得通，我都会一直走下去，撞到南墙了，就把南墙撞破了继续走。而在这个起点，期待你我一路同行。

目录 CONTENTS

我不愿平平淡淡将就
I JUST CAN'T PUT UP WITH THE DULL ROUTINE

第一辑　你凭什么过上你想要的生活

第二辑　此时此刻相爱的能力

第三辑　那些煎熬与彷徨，谁都会有

第四辑 太急没有故事，太缓没有人生

第五辑　把时间浪费在喜欢的东西上

第一辑
你凭什么过上你想要的生活

人生中最重要的是选择，比选择更重要的是出现结果之后的担当。谁也不能保证你的选择是对的，但错了也没关系，勇敢地承担就好了。

永远不要等
别人来成全你

总有一些人会问我，你为什么那么努力？

我能怎么回答，我只能说，为了国家，为了民族，为了部落，为了支持我的所有人，为了我的家庭，为了梦想，为了文学，为了不虚度此生。

但其实我内心的台词是——当然是为了我自己啊，不努力你养我？

但我不能这么说，这么说显得太自私了，尤其是作为一个还不够出名的公众人物，一言一行都要为青少年负责。

我们一出生，就肩负着各种责任。所谓养儿防老，父母养我们，起码在国内，在很大程度上是为了让我们在他们老而无助的时候有个依靠。其次才是繁衍，以及个人爱好之类的。起码养是这样的。至于生，很多时候都是迫不得已，不小心怀上了，或许纯粹出于好奇心和大家都在生孩子的从众心理。

所以说生人容易养人难，养好一个人就更难。

父母辛辛苦苦把我们养大，我们当然要加倍地努力才不辜负他们这一番辛苦了，就算出生在富贵之家，一辈子衣食无忧，不努力也有人养，那也不能游手好闲啊，毕竟在每个人是一个精子的时候，都是多么地拼命才击败无数对手跟卵细胞结合的，长大后不努力，对得起那个拼命的精子吗？

扯远了，毕竟大多数人，还是生活在普通的家庭，需要很努力，才能让自己和自己身边的人过上幸福安稳的生活。一旦懈怠，不但自己会饿肚子，也会连累自己所在的家庭朝不保夕。长远地看，会失去很多本该拥有的选择权。

我们这一生，所有的努力，不过是为了多一些选择权罢了。

还是从生孩子说起，穷人只能选择顺产，富人可以选择顺产和剖腹产。前阵子老家发生了一起医疗事故，就是因为穷人觉得剖腹产太贵硬要顺产最后胎死腹中。

从出生开始，不努力就少了一个以何种方式来到这个世界的权利。然后选择学校的时候也要看你父母当初有多努力，选好了学校，不努力就只能一直读最差的学校直到无学可上。

一日三餐，努力的人有更多选择，懒散的人最终只有一种选择，那就是饿肚子。因为这个世界上生活的人太多，资源完全不够，大家只能相互竞争。

最近一条比较火的新闻是“60后”董事长求婚“90后”美少女，并且成功了。抛开老少恋不论，这件事背后，是多少“60后”董事长的努力和“70后”、“80后”、“90后”男人的不努力啊。

我妈从小就教育我，好好学习，努力考上好学校，不然媳妇都娶不到，没媳妇就没孩子，没孩子就没人养老送终。

虽然我没有听妈妈的话，没去读书，也不稀罕要孩子给我养老送终，但是在这条路之外，我付出了比常人多十倍百倍的努力在文学上。

所以我现在拥有的所有选择权，比如跟不跟爸妈住在一起，要在家自由撰稿还是出去上班，都是靠努力得来的。

常常会听到有些年轻人抱怨父母管自己管得太严，归根结底还是因为你不够努力，不够努力就不够优秀，父母当然会担心你，管着你。如果你足够努力足够优秀，每个月给父母几千块钱，甚至像韩寒那样十七岁就赚了几十万，二十岁就买了几百万的房子给父母的话，父母还会管着你吗？

还有一些媳妇不愿意跟自己的公公婆婆住在一起，抱怨公公婆婆各种问题。谁没问题？如果做丈夫的做媳妇的有一个努力的有出息的，多买几套房子，还用担心住在一起的摩擦吗？

可能也有人会说，我努力了，但还是没成功，还是没出息。说这些话的人一点儿也不努力，而且很容易放弃，他们所谓的努力，通常都是达到了自以为的极限，觉得自己已经付出得足够多了。这时候你看看你周围那些成功的人，你就会明白，你付出那点跟人家比起来根本是九牛一毛，如果付出这么点努力就成功了，那才真是走了狗屎运呢。

勤奋努力到一定境界，就会享受这种努力。自己动手丰衣足食的快感，是懒人永远也体会不到的。

我倒是真遇到过几个“白富美”，家里开煤矿，开油站，甚至在国外有庄园做国际贸易，当我说不努力你养我的时候，她们张口就来：养你就养你。

这时候我才体会到，被人养并不是件多愉快的事情。就像你养一条宠物狗，你给它你认为最好的衣服、最好的狗粮、最好的笼子、最好的项圈，给它用最好的沐浴乳每天洗得香香的抱着它玩，但你并不知道它是否快乐，是否真的需要这些。

那么多父母含辛茹苦养孩子，孩子长大娶了媳妇就忘了娘的故事，五千年来层出不穷。为什么？是因为父母的爱不是爱吗？不，是因为孩子要的不是这种爱，起码不会一直要这种父母的爱。他也希望靠自己的能力，去建立一个家庭，那种快感，才是终极的快感。

人生来就是需要努力的，不努力人类早就灭绝了，更别说建立起各种高楼大厦甚至飞跃太空去月球了。与此同时，我们也知道有些传闻说越努力越幸运。且不说运气这种事是否靠谱，可以肯定的是，“努力”这个词在这个时代，不应该再跟“辛苦”画等号，努力的人未必辛苦，人在努力的时候，也可以是很快乐的。

把未来的事情交给未来

2014 年年末，我在《只怪相遇时太美》的后记里写道，我要停止长篇小说的写作了，我觉得很累很累。

当时说不清那具体是什么感觉，只是觉得很累很累，心里只有一个念头，那就是不要继续下去了，让一切都停下来。

时隔十个月，当我回首那时的状态的时候，终于有了一个清晰的答案：当时让我决心停下来的，与其说是疲惫，不如说是恐惧。

对无休止地重复做自己不喜欢的事情的恐惧。

我当时做着三份工作，早上给出版社和杂志社写长篇及短篇的小说，白天给出版公司和影视公司写人物小传、故事大纲、封面文案，晚上写剧本。

这三份工作，我最讨厌的是各种文案和大纲，其次是剧本，最后是小说。

然而我曾经是非常热爱写小说的，我觉得在想象力的世界里翱翔是一件非常快乐的事情，直到我向市场妥协，开始写青春爱情小说。

众所周知，青春小说有三宝，车祸堕胎死得早。

我是多么讨厌这些“狗血”的剧情啊，但是翻开我转型后写的第一本书《从未想过失去你》，车祸堕胎死得早居然一样都不少。这样的小说写起来很轻松，但如果不算上消磨无意义的青春时光的话，其存在的价值和意义真的不大。

在决心转型的时候，我曾经尝试过曲线救国，妄想加一些自己真正想写的东西在市场需要的东西里面，这样做的结果是不伦不类。既没有讨好市场畅销得像牙膏一样，也没有坚持自我在小众的世界里孤独绽放。

梦想和现实总是存在很大的距离。

其实内心深处，我并不讨厌作者、编辑、编剧这三份工作中的任何一份。

只是我心中真正想做的作者，是学识渊博、风趣幽默的学者；真正想写的，是让人读了之后增长见闻、受益无穷的书。

我内心深处真正想做的编辑，是一年就打磨一两本书，每本都做得像艺术品一样，即使买到这本书的读者并不能理解书中的内容，也可以把书当作艺术品来装饰房间。

我内心深处真正想做的编剧，是剧情深刻、台词经典的传世之作，一辈子就写这一部戏也不遗憾。

然而自身的不足、市场的限制，导致我写的是价值低廉的青春爱情小说，做的是粗糙庸俗的大众读物，甚至连做编剧，也是和“狗血”的青春剧情为伍。

欲速则不达，我越是急于拥有一些东西，越是什么也得不到。市场环境也是如此，大量的图书被粗糙地生产出来，大量毫无营养甚至可以说是脑残的网络剧、电视剧在拍摄和播放。我曾经以为入了行、入了圈就可以渐渐地实现梦想，结果却是离梦想越来越远。我想国内应该不止我一个人，几乎百分之八十的文化从业人员，都是一边在大骂“狗血”，一边在助纣为虐。剩下的那百分之二十，则是彻底认为自己制造的“狗血”也是传世经典。

我并无意指责什么，也不是在自责，相比起其他行业，文化行业为了利益出卖理想这种事情，已经干净纯粹很多了。起码文化行业的人夜深人静的时候还会想一想，其他行业呢，如果知道你这样想，恐怕只会说，有钱不赚，你傻吗？

据说莎士比亚说过这样一句话——我们命该遇到这样的时代。从事这样的行业，出这样的书，也是命该如此。

把一切归咎于时代，归咎于市场和大环境，把自己撇得清清楚楚，我觉得是很荒唐的行为。

时代是由活在这个时代的每一个人组成的，我们不能改变时代，不能改变别人，起码可以改变自己。

重复写“狗血”的小说剧本文案是我讨厌的，那就停下来。停下来可能会少赚很多钱，日子可能会因此而过得清贫，但毕竟死不了吧，那就没关系。

离开北京十个月了，我的心情已经变得很平静，我很感谢那时候决定停下来的自己。如果不停下来，一直纠结梦想和现实，我最后可能会疯掉。

当时我的计划是，三年甚至未来的一生都不再写长篇，不再写剧本，不再写文案，只要偶尔写点短篇可以糊口就行了。当时我唯一担心的，就是停下来之后，时间长了总会坐吃山空，总会面临经济上的困境。

结果万万没想到，停下来之后，因为心态的平和，短篇写得更好了，一个短篇的价格，常常抵得过我过去写的一部长篇了。精致地做好一件事，所带来的收获远远大于看到剧本赚钱就去写剧本，看到改编游戏赚钱就去写网文。

现在我没有了经济上的压力，也没有了对不断重复制造“狗血”剧情的恐惧，对写作的厌恶也在一点点地减少，我想要不了三年，我就可以写自己真正想写的长篇小说了。其实篇幅的长短并不能决定一个作者的好坏，有的人一辈子只写短篇，最后一样成了伟大的作家。只是我个人心中有一个执念，那就是写出结构足够广阔、人物足够多元的小说，才算是真正完成了自己的创作梦。

当然，个人的梦想有时候对于整个时代来说是微不足道的，我在这个时候回顾自己的迷茫期和疯狂期，写下这篇文章，更多地是希望和曾经的我一样迷茫的同类人，能够及时摆脱精神上的误区和物质上的约束，回到正确的道路上来。

我们所做的每一件事，如果不能从内心深处感到快乐，如果不能在做的时候动力满满忘记一切，做成之后感到幸福，那就肯定是哪里出了问题，不停下来检修，就一定会迷失自己。

可能对于一个作者来说，每一次的写作都是一次检修，起码对于我来说是这样，一件事我左思右想不明白，写下来再看就清晰多了，写一遍不够就写两遍，从梦想、人生、责任、自由甚至感情等不同的角度来看待同一件事，会得出不同的结论。虽然这种结论可能只是一时的，可能过了这个时期，有了不同的心情之后又会有新的看法，但在这一时期，保持清醒的头脑和正确的判断无疑是最最重要的事情，而未来的事情和看法，只能交给未来。

在时间面前撒的谎，最后都要靠心碎来圆

遇见沈佳之前，我一直觉得时间是过得非常快的。从小就在背诵的名句比如“逝者如斯夫，不舍昼夜”，再比如“一寸光阴一寸金，寸金难买寸光阴”天天在我脑海里回荡。

好似昨天我还在往女同学的文具盒里放虫子，今天看到发育得过于良好的女生就开始脸红了。

沈佳是个特别漂亮的女生，从古至今，只有漂亮的人相信一见钟情，不漂亮的都相信水滴石穿。所以她第一眼没看上我，后来跟我在一起了，还是觉得我们的爱情不完美，不是她想象中的一见钟情。

喜欢上她的那段时间，时间过得特别慢，因为她跟我不在一个班级，为了跑去他们班看她，我天天上课盼着下课，下课就去他们班上找我的发小玩。玩的时候时不时看她一眼，心里就很高兴了。

放学后也总巴望着上学，总觉得夜晚过得太慢了，因为她的家跟我家不在一个方向，我只有白天在学校才能见到她。

后来我跟她说起这段往事，她总是说“两情若是久长时，又岂在朝朝暮暮”。这是我尢法苟同的，因为如果没有那么多喜欢她的日夜，我们就根本没有后来，别说久长了，两情都不会有，只有我的单相思。所以我觉得两情若是久长时，就只在朝朝暮暮。

有了我朝朝暮暮的注视，才有了她从不屑一顾到坠入爱河的大转折。虽然分手的时候她跟我说我们两个之间是激情，不是爱情。虽然激情和爱情分开的时候都会心痛，但激情来得快去得也快，爱情则会铭刻一生。

不管她怎么说，我是不承认她这样诋毁我们的感情的。年少的时候，谁能分清激情和爱情呢，每一次信誓旦旦的飞蛾扑火，不都是以作茧自缚告终？所以我忘不掉她，跟她分开后一直没恋爱。而视我们的感情为激情的她，则是一跟我分手就搭上了别人，并且一换再换，直到有天我也开始讨厌她，觉得她有点像“绿茶婊”了。因为只有“绿茶婊”才会在分手的时候把自己撇得很清楚，明明在一起了那么久，却说自己从来没有动心过。

人都是会变的，随着人的变化，你对这个人的感情也会变。承受这种变化需要时间，正视这种变化更需要时间。当我不再喜欢沈佳的时候，连同爱情也有点反感了。觉得那些关于爱情的鸡汤都是骗人的鬼话。因为人生的必需品，不是一场轰轰烈烈的爱情，更不是一次说走就走的旅行。并不是所有人受了伤之后都能痊愈，大多数人在轰轰烈烈之后都会留下一个大坟坑，埋葬的是一生都躲不开的痛。

就像我，明显更需要的是细水长流和大爱无声。冲动的结果只能是无奈。即便有少数人在疯狂的爱情里获得了成功，那也不能代表什么，毕竟抱着侥幸的心理，一生都不会安稳。那些快感来得有多痛快，走得就有多迅疾。

有一次她被她很喜欢的一个人甩了，来找我求安慰，以为我会说一些还喜欢她之类的话。我确实还喜欢她，但我更清楚我如果说出来，也许能换来她短暂的停留，很快她又会去追逐新的感情。她伪装出来的无助并不能持续多久，不爱就是不爱，口是心非，眼睛却无法骗人。我不是那种可以给人随时提供避风港的"暖男"，更多的时候，我制造孤独，并享受着孤独。

但我还是寄希望于时间，想着时间把她变成了我不喜欢的样子，也许有一天她会幡然醒悟，又变成我喜欢的样子。

可惜一晃过去六年了，她已经结婚生子，就像白纸染了色，再也没有办法变回白纸了一样。我也终于明白，如果不努力、不改变、不争取，时间……时间不会给你你想要的答案，更不会帮你留住对的那个人，时间只会带走你所有的机会，让你无路可退，无人可选，只剩下愿赌服输和各安天命。

寄希望于时间，是一种自欺欺人的软弱，如果再给我一次机会，我想我不会让时间来做裁判。因为我们在时间面前撒的所有谎言，都要靠心碎来圆。

什么时候才能获得想要的自由

来自学校、家庭、工作的束缚，让我们无时无刻不渴望自由。我一度认为，这世上没有绝对的自由，只有相对的，这种悲观的想法一直持续到去年冬天。

去年冬天，我从一家文化公司跳槽到了一家影视公司然后又跳槽到了另一家更棒的电影公司，上班时间从朝九晚五变成朝十晚五最后变成下午两点到五点。工作时间缩短到了三个小时，工作内容也从不断写策划案变成了喝茶聊天吃零食，而且工资也比过去翻了几倍。

在很多朋友看来，我自由了，有了更多的时间做我想做的事情，而且请假迟到也不会被扣工资。老板是个导演，在生活和工作上对我都足够关照，还要投拍我过去写的小说。只要我坚持两年，我就能过上大多数人梦寐以求的生活。然而我辞职了。

在文化公司拿着低廉的工资过清闲却看不到未来的日子的时候我没想过辞职，在影视公司没日没夜地写人物小传、故事梗概的时候我没想过辞职，反倒是进了电影公司之后，我天天在想怎么开口跟老板辞职。

尽管这是无数人羡慕的工作，但我内心深处却在说，这不是我想要的生活。纠结了两个月后，我还是跟老板摊牌了。他很意外，反复地问我考虑清楚没有。我一旦辞职，就意味着我的短篇小说的影视改编、长篇小说的电影项目全部泡汤，甚至还要支付违约金；意味着我又要去过那种清贫的捉襟见肘的生活了。可能错过了这个机会，我这辈子都没希望像导演一样没事就去国外度度假了。

有时候觉得人生就像登山，攀登虽然辛苦，但是有山顶的风光等待着你，那种未知的美好，那种对成功的憧憬激励着你，反倒是比在山顶时感觉更好。大多数时候，我们登上了山，会遇到下雨或者大雾，看不到之前梦寐以求的日出，就算看到了，也会觉得不过如此。我在电影公司的时候，就有种在山顶的感觉，而且是一座自己并不想攀登的山的山顶。

赚了很多钱又如何？小说改编成电影被很多人知道又如何？它能让我回到十七岁，让我留住我喜欢的人吗？不能，它甚至不能让我安安稳稳地睡个好觉。

越是拿着高额的报酬，越是觉得要竭尽全力做到最好才对得起老板的信任。这让一向懒散的我变得整夜整夜地睡不着。所以比起两年后的一切都有，我更想要的是当天晚上睡个好觉。

离开北京后我就没有再失眠了，因为没有人再付我高额的报酬，我也不需要对谁去负责。我只要自己开心就好了。为了彻底地放松，我给自己准备了一场长途旅行，从河南到拉萨，一路途经西安、兰州、西宁、格尔木、那曲，然后再到西藏。结果在西安玩了之后又突然起念去了银川和中卫，最后又到长沙和老朋友喝了场大酒。在路上的时候，所有情感的牵绊，工作的家庭的压力，都被我丢开了。

现在我在老家，从辞职到现在已经整整过去半年了。半年里我几乎没有做什么值得称道的事情，作为作者，稿子都没有怎么写。大部分时间我都在玩《植物大战僵尸》，玩累了就睡觉，睡醒了就自己做点好吃的。前几天我又买了把吉他和拳击沙袋，没事打打拳弹弹琴，灵感不来就不写的感觉真好。

我想我梦寐以求的自由生活大概就是这样的，想睡到几点就睡到几点，想几天不出门就几天不出门，想去旅行也不用跟谁请假。虽然这种生活也伴随着孤独和信用卡上巨额的利息，但世界上哪儿有十全十美的事情呢。

自由的前提首先是心安，心安了，其他的一切都不重要。记得有位国外的大师说过，生活既然是这样，那就这样过吧。我曾经为逝去的感情悲痛过，曾经为无休止的工作烦恼过，曾经为家庭的束缚愤怒过，如今再回头看，就像在山顶看风景，只觉得一切都不过如此。当你可以直面无人相伴的人生，可以直面工作中的小挫折、生活中的小麻烦的时候，自由就在你身边。

写了这么多，其实一句话就可以总结，那就是当你无所畏惧的时候，就能获得你想要的自由。

可能有人会问，那怎么才能无所畏惧呢？

其实只要你想清楚了，你所害怕失去的一切（包括家庭、工作，甚至生命）都没有你想象的那么重要的时候，你就不会害怕了。人都是以自我为中心的动物，你所珍视的一切，在别人眼里，在整个宇宙中，一点儿都不重要。既然如此，你还怕什么，朝着你想要的生活去拼就是了，经历得足够多了，勇气和自由都会从天而降。

我们无需活在别人的标准里

虽然习惯了独来独往，常住的城市里也没有一个朋友，但毕竟生活在这个复杂的社会里，不是从石头里蹦出来的，就算是从石头里蹦出来的，也会有猴子猴孙无穷的牵挂。所以，远的有微博上互粉的熟悉的陌生人、QQ 里加了许久也不曾聊过天的好友，近的有左邻右舍、物业保安以及偶尔来探望的亲戚们。

我自己眼中的我，和他们眼中的我，通常不是一个人。

在网络上的好友眼中，我几乎是个 24 小时写稿不停的机器人，无任何娱乐，也无任何趣味，最多睡觉之前打打拳，遇到瓶颈的时候下下象棋。

在保安的眼里，我是个购物狂，一天到晚都在收快递，什么乱七八糟的东西都买，基本上不出去逛街，出去也是逛超市，每次一进超市就要买满一推车。他们不喜欢我这样的人，觉得我每天什么也不做就有花不完的钱，而他们累死累活也赚不到什么。

在亲戚朋友眼里，我是个倔强的从不听劝的人，一意孤行地放弃家里的生意，做一种看不见摸不着的行当。虽然也赚了点钱算不上败家子，但绝对不是明智的人，明智的人都应该像他们那样去经商。

而在我自己眼中，我只分为二十五岁之前的我和二十五岁之后的我。二十五岁之前的人生关键词是爱情、梦想、家庭、健康、事业。二十五岁之后，梦想直接被刨除了，变成了事业、健康、家庭、爱情。

你没看错，除了被刨除的梦想，爱情也从我人生中的第一位变成了最后一位，恐怕有一天它也会像梦想一样被刨除。

不管是二十五岁前还是二十五岁之后，我眼中的自己和别人眼中的我，没有一样是相通的。大家关注的点完全不同，我所在乎的一切，在他们看来，都无足轻重。

这就是人生，我相信大多数人的人生都是这样，只能活在自己的视野里，只能自顾自地生活。如果放下自我，听从任何一个周围人的规劝，那都会离真正的你越来越远，不管最后收获了什么，都肯定得不到快乐。

但是也的确存在一部分人，非常在意别人的目光，非常想过上别人眼中的那种生活，因此去做自己并不擅长也并不喜欢的事情。这样做唯一保险的地方在于失败了会得到同情，因为你没有一意孤行。

但同情这种东西，有什么存在的价值呢？它只是为失败者准备的安慰剂，如果接受了同情，就等于承认了失败。别人在当着你的面施舍同情之后，免不了要在其他人面前嘲笑你几句。

回忆了一下，我人生中做的所有决定，都没有参考别人的意见和建议，尽管那些意见都带着他们以为的善意，但后果总是要我来承担的，所以关键还是要自己想。

在我做过的大大小小的决定里，错误的导致我走了弯路的总是占大多数。比如说选择一个不靠谱的，别人都在非议的姑娘，选择一份自己并不擅长的只是看着很酷炫的工作。好在我最后都承担了，独自承担了那些麻烦的后果，不曾抱怨命运，也不曾怪罪周围人的不帮忙。甚至在某些时候，我还感谢这些弯路和麻烦的后果。就像先尝尝苦的东西，再吃甜食会觉得格外甜一样。走了弯路之后，走在直路上会格外地心情舒畅。

所以说人生中最重要的是选择，比选择更重要的是出现结果之后的担当。谁也不能保证你的选择是对的，但错了也没关系，勇敢地承担就好了。

上天格外喜欢那些敢于承担的人，承担之后你会发现其实结果并没有你想象的那么糟，大部分越过越失败的人都是在选择的时候过分依赖别人，出现结果之后又被自己的想象吓垮继而逃避承担。

网络世界的出现虽然摧毁了不少传统的东西，但它还是带来了无数便捷的存在。比如说同样一件事，在网络上可以看出一千多种不尽相同的看法。这样就会让人有无数种理由来解读成功和失败。就算是有钱如王思聪，成功如马云，也还是有很多人不买账，各种觉得对方的人生并不完美。所以说我们在日常的生活中，可以完全不理会别人的看法，只要不侵害到别人正当的利益，在自己力所能及的范围里，想怎么玩都好。把这份洒脱的心态养成了，人生就会多一些痛快淋漓，少一些艰难曲折。

不怕任性，只怕没人性

世间万事万物都在变化，不变的只有变化本身。

但世间又没有什么事情是绝对的，所以除了变化本身，我们还可以找出一两样不变的存在。比如时间，比如人性。

人类能存活几千年，除了要感谢大自然之外，还要感谢自身的优点和缺点。尽管每个人都有不同的思想，但归根结底，只要是人，总有共同的地方，这些共同的地方形成的规则，是让人类继续繁衍下去的根本所在。

人性的弱点太多了——贪婪狡诈、胆小懦弱、凶残好色，等等，而人性的优点只有一个，那就是爱。

这唯一的一个优点，就足以碾压所有的弱点。也正是因为这唯一的一个优点，人类才能在有形的规则之外建立起无形的规则，用人心去约束行为。

但爱不过只是人性的一点优点罢了，人性不变，爱却会变，因为与爱对应的还有恨，凌驾于爱恨之上的还有利益。

古往今来，有过那么几个任性到违背人性的，爱到不顾利益的存在。比如烽火戏诸侯的周幽王，比如前阵子当街杀人的“绿帽君”。看到这里有人可能会说，爱面子和爱美人不算爱，真正的大爱应该是无私的、纯洁的。

我们前面说过，爱只是人性的一个优点，而人性有无数的缺点，所以复杂的人性怎么可能单用纯洁来形容。世间本没有所谓的大爱和纯洁之爱，所有的爱，男欢女爱也好，母子之情也罢，乃至兄弟手足，都有私心在其中，无法共享，所以称不上纯洁，一旦纯洁无私，就违背人性不再是人了。

所以爱帽子是爱，爱宠物是爱，爱抠脚也是爱，这种爱并不比世间任何一种爱低级。同样任何爱也不比这些爱高尚，毕竟同属人性。

我读小学的时候，左邻右舍的两个孩子跟我同级，可能是因为家教的缘故，这两家人的孩子一个暴虐任性，一个善良胆小。他们唯一的共同点就是都不爱学习，这唯一的共同点导致两个性格完全不同的人也经常在一起玩耍。

我有时候也跟他们一起玩，于是可以亲眼目睹到暴虐任性的那个孩子欺负善良胆小的那个，把对方当马骑，撒沙子在对方头发里，拿脚踹对方的肚子都是经常的事情。

时间久了，有时候我和善良胆小的那个男孩独处，他谈到暴虐任性的那个孩子的时候，懦弱的眼睛里也会闪露杀机。

但他又不愿意亲自动手，一来打不过，二来怕打得过最后也要负责任。所以他寄希望于天，他觉得这么坏的人，早晚要被老天爷惩罚。

事有凑巧，当然不巧我也不会写这件事了。在暴虐任性的那个男孩长到二十四岁的时候出了车祸，死掉了。

他大概是我的同龄人里死得最早的一个了，所以同龄人聚集在一起，总会提到他。其实他长大后已经变得温和多了，不欺负人，还很能干，早早娶了媳妇，他出车祸的时候，媳妇怀孕已经七八个月了。

孩子一生下来就没了爹，实在可怜。这时候那个善良胆小的男孩，又开始同情起暴虐任性的男孩了。他甚至害怕是因为自己的诅咒才导致车祸的发生，完全忘记了当年他身上遭受的无数屈辱和痛苦。

人性就是这样善变，邻里之间如此，亲人之间也是如此。我爷爷有五个孩子，三个女儿两个儿子。我爸爸是小儿子，但皇帝爱长子、百姓爱幺儿的传说并没有在我们家应验，我爷爷非常不喜欢我爸爸。

在我爸爸长大独立之后，我爷爷曾经联合我大伯，就是我爸爸的哥哥，一起来坑害我爸爸，最后我爸爸去求助了我的舅爷，也就是爸爸的舅舅，才免于被坑害。

父子之间矛盾至此，简直比邻里的仇恨更难化解。那次矛盾事件之后，我爷爷和我大伯再也没有进过我们家门，我们家的孩子也被明令禁止去我大伯家。

哥哥姐姐倒还听话，只有我，还常常去奶奶家蹭吃的，去大伯家跟我同龄的堂姐玩。我觉得上一代的仇恨不应该传给下一代。但我个人的努力收效甚微，两家人的关系直到现在还是很尴尬。

爸爸跟爷爷的关系，直到爷爷去世很多年才化解，为此爸爸和妈妈还吵了一架。因为爸爸把爷爷的相片冲洗出来弄了很大的镜框装裱起来放在家里，妈妈说看到爷爷的照片就害怕。

任性的爸爸还复印了一张照片放在我新买的房子里，说要让辛苦了一辈子的爷爷住住高楼。似乎完全忘记了当年爷爷对他的坑害，年迈的爸爸嘴里只剩下那句“人不能忘本”。

我多少能够理解爸爸，应该是担心我和我的哥哥以后会像他一样远离自己的父亲吧。这种担心只能表现在自己对自己父亲的敬爱上，因为无论如何，那都是生养自己的父亲。

这种复杂的人与人之间的关系，让我特别害怕结婚生子这两件事。到现在我还在想，像王小波那样一辈子不生孩子，是不是一件好事呢？我应不应该学习这种优良传统也坚持不孕不育呢？

我想我可能还要花很长时间想这个问题，就像花很长的时间想同性恋的问题一样。前阵子美国宣布同性恋家庭合法化，全世界都在为这件事庆祝。我非常困惑，同性恋庆祝也就罢了，异性恋庆祝什么？庆祝民主的胜利？还是像淘宝搞的无数节日一样，只是为了狂欢而庆祝？

在这件事上，我还是非常保守的，我不反对有人搞同性恋，但同时也不支持大家搞同性恋。虽然我个人不想繁衍，但我只是讨厌复杂的人际关系罢了。我并不希望所有人都拒绝繁衍，我还是很喜欢小孩子的。

人类数千年的传统，不能在我们这一代断了。不然，我们离灭亡，应该也不远了。毕竟有句老话是这么说的——上帝欲使人灭亡，必先使人疯狂。

你以为，
换一个城市就好了吗

成都、长沙、北京，四年、两年、一年，过去七年的时间，我耗在了三个城市，去的时候两手空空，离开的时候也是两手空空。唯一的变化就是，我从一个害怕孤独、担心未来的少年，变成了一个无所畏惧、直面孤独的大叔。

在去成都的时候，我还有一个漫长的打算，那就是离开北京后去上海，离开上海后去美国。但是你也看到了，我在一个又一个城市待的时间越来越短，原计划三年融入的一个城市，结果一年就融入了，这种城市与城市之间越来越像的现状让人非常沮丧。只有翻版，没有创新。

锻炼内心最好的办法就是不断地换城市，因为万事开头难。换城市就像玩积木，你好不容易在一个城市搭建好的恢宏人脉，会随着你的离开而轰然倒塌，然后在新的城市又要从头开始，这非常考验人，最后经受住考验的都是强者。

而要在锻炼内心上再加一个强度，那就是换城市的同时把行业也换了，这样连续换几次，几年下来你还挺得住，还是行业里的佼佼者，那你的内心就已经强大到可以跟这个世界上屈指可数的几个人博弈了。

我换了三个城市，但在行业上并没有做特别大的改变。在成都的四年是不上班的自由撰稿人，在长沙的两年是杂志和图书编辑，在北京的一年是电影、电视剧和网络剧的编剧。

虽然也都是从头做起，从零开始，但这三个行业有互通的地方，所以并没有把我搞垮，但是也差一点儿，那就是在北京的时候，我有两个月的时间睡不着觉，开始怀疑自己的能力，怀疑人生担心未来。

好在那种糟糕的状态很快就过去了，这件事说明了锻炼内心也要有度，也要因人而异，不能过度施压，不然很可能会把自己搞崩溃。

如今我在一个小县城里，随时可能离开去别的城市，但又可能会一直待在小城里。因为我还没弄清上海和北京到底有多大的不同，去美国又有没有可能提升自己。

我也不知道接下来该做什么行业，才会是一种进步而不是倒退。

但是我已经很清楚，七年过去，未来的年轻人，已经很难再靠换城市来让人生有特别大的改变了。多数弱者会越换越糟糕，少数强者也进步不了多少。

因为城市之间相互模仿，已经到了城与城如同村与村的程度。区别只是住在城市里的人和你有着什么样的关系，而人际关系又是最不可靠的，会随着利益不断变化的东西。

前几天有个读者跟我说他想出去闯荡一下，说了几个城市，问我靠谱不靠谱。我说不靠谱，因为他说的城市都是他熟悉的，要么是他曾经待过的，要么是他有亲戚朋友在的地方。

在熟悉的地方锻炼不到自己，因为你会产生依赖之心，要么依赖自己的旧习惯，要么依赖自己的亲朋好友。

而人要进步，首先要放下的就是依赖心。你要明白你只能靠自己，你的人生只能你自己负责。所以，只能找一个全新的地方，一步一步从头做起。只有这样，你最后才能找到那个真正强大的、没有死穴的自己。不然你依赖的每一个人，在未来都可能会成为你强大面具下的一个死穴。

所以，你以为，仅仅换一个城市就好了吗？

我就是想看看
这个世界

01

这些年很多人问过我同一个问题：你那么小就出来行走，路费住宿费怎么解决的？

我从来没有回答过这个问题，因为我觉得，能问出这种问题的人，这辈子是不会有什么出息的。只要勤奋健康，年纪轻轻的我们，不管在哪里都不会饿死吧。

非但不会饿死，还可能营养过剩，像我现在一样，整天为减肥发愁。

我们为了追求梦想，离开家，离开校园，走到路上，要解决的是人生命运这种大问题，衣食住行这种小问题完全不需要担心。

当然现在说不担心，当年出门的时候，因为衣食住行，还是遇到过一些问题的。

在说我的经历之前，我想先说下我的一个朋友，他当年因为看了我的书而退学，走上了跟我一样旅行写作的道路。但因为文章写不好，一直不能发表，就求助于我。我当时劝他先不要写，先走一走，读万卷书，行万里路之后，再写也不迟。

然后他就真的走了起来，先是在成都一家饭馆打了几个月工，赚了几千块钱后就买了辆摩托车去西藏，走到一半摩托车坏了，就搭顺风车，风餐露宿到了自己想到的第一个地方。在西藏做义工做了几个月，然后又骑自行车去了新疆，后来又从新疆到三亚，三亚到云南，云南到尼泊尔、印度，截止到我写这篇文章的时候，一晃已经过去八年了，他还在行走。

他在路上肯定饿过肚子，肯定遇到过没钱住宿的时候，但他现在过得很好。因为在路上认识了很多朋友，他现在做冬虫夏草的买卖，兼做藏饰，可以说是钱赚了不少，想去的地方也全都去了。因为这些年行走积累的阅历，他的文章也已经写得非常好了。

我当年出来的时候，才十四岁，身上就五块钱，找工作超级难，因为还算是童工。经常饿肚子，偶尔找到工作也不是什么好工作，还会被克扣工资。但好在那时候对物质要求很低，而且那时候火车票没有实名制，没身份证也可以到处玩，住宿上网也不会被盘查得很紧。那时候整个社会都乱哄哄的，各顾各的，不像现在这么井井有条。所以我经常劝人早点上路，因为越往后，社会风气和各种环境越不同。

气候变暖，导致你无法体会我 2006 年在峨眉山住的时候，那种不开空调只吹山风也很凉爽惬意的感觉。人口变多、雾霾、火车实名制等等，导致你无法体会一个人承包一节火车、一个人承包一节地铁的感觉，无法体会到当年新鲜的空气，无法在绿皮火车上通过窗户跟山脚下的果农们买各种新鲜特色水果，甚至无法看到很多濒临灭绝的动物和已经被毁灭的景色。

更重要的是，你十五岁的时候去经历这个社会，和你二十五岁或者三十五岁再出来行走，那体验是不同的。你只有走过了，才会有故地重游的感慨。

我写这些，不是劝大家都放下一切上路。每个人都有不同的特长、不同的喜好，不是每个人都适合在路上，也不是每个在路上的人最终都能找到梦想。我说这些，是想让还在迟疑的人不要犹豫了，想好了就去做，不管是什么。只有行动才能解决问题，空想只会浪费生命。

言归正传，且说我家在河南平顶山，到的第一个地方是郑州。郑州留给我最初的印象，是无比喧嚣的火车站。下了火车，出了站，还没进入广场，在出站口，就会被一群人团团围住，问你打不打车，住不住宿，甚至需不需要有人陪你。

这样的场景，后来我在西安也遇到过，可能是因为北方民风彪悍吧。南方的火车站很少有这样的情况，最多问你住不住宿打不打车，不会发生五块钱给你找个小姑娘还送你一……“健力宝”的情形。

不过这都不是极致，尚且停留在询问的范畴，有些地方，比如驻马店，你一出站，东张西望，看着像个外地人，立刻会有人紧紧抓住你的胳膊，想要为你安排行程，甚至会有冒充出家人出来化缘的，你要是不给他十块二十块，胳膊都能给你扯下来。

不过这都是十年前的事情了，现在的郑州，火车站分为南广场和北广场。南广场通往地铁站，已经具备现代化大都市的一切，包括人群的素质。而北广场上问你要不要住宿的店家也越来越少，估计再过十年，就荡然无存了。

我第一次到郑州的时候，算是离家出走，爸妈已经在家乡贴满了寻人启事。那时候的我，急于看看这个世界，觉得自己已经长大，而爸妈觉得我还是个孩子，还是好好上学比较好。争执在所难免，离开是我唯一的选择。现在回想起来，多少觉得有些不孝，但若当时不出来，那后来我在学校，肯定就泯然众人矣。很多时候，自己的人生还是要自己把握。

我因为喜欢看书，到郑州后就找了家小书店应聘了导购，帮别人找书、推荐书等等。顾客少的时候，我就自己找喜欢的不喜欢的书一顿乱看，店长当然不会让我闲着，总指派我搬书，把东边书架上的书挪到西边，再把西边书架上的书挪到东边，乐此不彼，我为此付出的代价是挪来挪去时经常被挤到手指。

十年后我到郑州购书中心签售，离开的时候特意去了我曾经打工的那条街，那个小书店已经找不到了，甚至那条路都完全变了样。但站在街头的时候我在想，可能变化最大的还是我自己。十年前在书店打工被欺凌被虐待的我，怎么也想不到，十年后，我会风光地回来签售吧。当电视台的人把话筒对着我让我说几句签售的感想的时候，我一时有些语塞，我想说故乡变得友善了文明了，但最后说出口的，只有一句——故乡变好了。

我在郑州的小书店打了半年的工，攒够了路费，也看遍了郑州的繁华，就动了南下的念头，因为小时候经常在电视里看到说，上有天堂，下有苏杭。天堂我一时还去不了，苏杭我总可以去看看吧。于是就买票去了苏州。

02

到了苏州之后，我才知道这里的标志性景点是虎丘山和苏州园林，古文里描述的天堂一般的景象这里已经不复存在。即便我住到了苏州的古镇木渎，平时出门看到的更多的也是富士康之类的工厂和在这些工厂里打工的女工。只有在观前街闲逛的时候，才能体会到一点点南方的风韵。

这是我第一次到南方来，离开苏州很多年后听达达乐队的《南方》，听到“潮湿、松软”这些词语的时候，总是会不由自主地想到苏州。

苏州有很多的河流，地理书上说湖北是千湖之省，苏州的河比湖北的湖更多。几乎有多少条马路就有多少条河流，从空中看，整个城市都被河流分割成了一小块一小块的格子。

有河便有桥，河与桥可以说是苏州最美的存在，只有站在桥上的时候，才能感受到这里的古风古韵，感受到伍子胥创造的阖闾大城。

如果说郑州是我看世界的起点，苏州便是我写作的起点。

我在这里开始发表文章，有了稿费收入，并且遇到了第一个让我心动的女孩。

物质基础决定上层建筑，换到我这里，则是穷则独善其身，达则谈谈恋爱。

我租的房子有一扇朝南的窗户，打开就是河，每天早上睡醒看着窗外的河流、运沙船。发呆的时候，我都会看到一个年轻的女孩子从河边匆匆走过。

后来误打误撞进了附近的一家咖啡馆，才发现她在那里上班。于是咖啡馆就成了继书店之后我常去的地方。

因为刚开始写作，稿费并不多，交了房租和应付了日常开销后便所剩无几，所以每次到咖啡馆，我只能点一杯苦苦的美式咖啡。即便看到她做出精致的糕点的时候会心动，我也只能是吞吞口水。

她自然是感觉不到我喜欢她的，那时候我才十五岁，在她眼里，我只是一个看上去虫鸟无害的小弟弟，本该在学校上学的年纪，却每天都抱着一个厚厚的本子按时到咖啡馆的角落里写写画画。

没错，那时候互联网还不发达，大部分杂志都还没有用电脑办公，我写的东西一大半要从邮局寄出，只有很小的一部分需要去网吧打到邮箱里发送出去。

去得久了，她对我的态度就好了很多，过去看我喝完了咖啡，就会收了杯盘，后来开始给我续杯，再后来，她做了什么点心，也会分一小块给我。

我内心窃喜，却不能表现出分毫，毕竟这家店也不是她的，她和我一样，都是这个大城市里，非常渺小的存在。

这样喝咖啡，偷偷看她，接受她给予的特别待遇，更多的时候则是疯狂写作。一转眼就在苏州待了三个月，但我和她之间，只发展到了点头微笑而已。

三个月后，她做流浪歌手的男朋友来找她，看着她男朋友长发飘飘、潇洒帅气的样子，我便死了心。后来虽然偷偷跟着他们走过一段路，却只是满足一下好奇心罢了，没有一点儿的非分之想。

她男朋友在酒吧驻唱，有时候也在地下通道唱歌，甚至会在烧烤摊上让人点歌，他不像其他歌手那么高冷任性、恃才傲物，他似乎急于尽快赚到一大笔钱，然后娶她。

了解到她有这样一个男朋友之后，我就很少去咖啡馆了，后来又动了学吉他的念头，就离开了苏州。

不过这个女孩一直留在我心里，从开始写作到现在有十多年了，每次写到初恋，都会想起她，尽管只是暗恋而已，尽管自始至终她都把我当作一个小孩子。

03

离开苏州，除了自己喜欢的人喜欢着别人之外，更多的原因，是因为我发现我缺乏强有力的谋生本领。单靠写作带来的稿费，只能满足基本的日常所需，万一我生个病，万一我要从别人手里抢个女朋友，凭我那点谋生本领，是万万做不到的。换句话说，即便我喜欢的女生跟她男朋友分了手，也未必会选择我。即便选择了我，我也无法给人安稳的生活。

我需要足够强大的本领来应付人生中的意外，于是我回到了河南，在洛阳安定了下来，这里离我家很近，听得懂方言，消费水平也低。之前在苏州的时候，就有给家里打电话报过平安，家里虽然不理解不支持，却也对我的选择无可奈何。这从某种程度上也说明了经济独立的重要性。当你经济独立了，你就有了相对的自由。当你还需要向爸妈索取生活费，靠别人来生存的时候，你不得不接受别人的安排甚至是指责。

以前没到外省的时候，不觉得故乡有什么，在苏州的几个月，房东家的老太太每次看到我都用吴侬软语跟我打招呼，几个月过去，我还是只能对她笑笑，像哑巴一样比画几个手势，听不懂她说的任何一句话一个词。

回到河南后，还没吃到那大碗的烩面，还没喝到那热腾腾的胡辣汤，单是老乡们的方言，就让我觉得格外亲切。要学本领，也只能是在故乡，在异乡，可能本领还没学到，人就饿死了。

很多年后，我周围的朋友陆续去国外生活了，美国、加拿大、澳大利亚、日本、新加坡、韩国等，因为有了微信，大家还是很方便地联系着。好像他们并没有离得很远，整个地球好像被网络变成了一个村子。于是我就经常想，如果在中国一个遥远的边疆独自生活，听不懂周围人说的方言，那其实和出了国一样，国与国之间的距离，有时候敌不过人与人之间的距离。

在洛阳安顿下来后，我就开始找吉他老师，想做一个自弹自唱的民谣歌手，像我喜欢的女孩喜欢的男孩那样，可以做流浪歌手，也可以在酒吧驻唱。

那一年我十五岁，我能想到的最棒的职业就是民谣歌手，一把吉他走天下，有酒有肉有姑娘，无忧无虑无故乡。

先找到了一个吉他短期培训班，买了一把红棉牌的木吉他，开始了对音乐、对乐器最初的了解和练习。

从单指拨弦到和弦，从跟不上节奏，到可以磕磕绊绊唱完一首歌。我用了两个月的时间，证明自己在音乐方面毫无天赋。

但我不肯放弃，我想有志者事竟成，苦心人天不负，先天不足我就后天弥补。当然主要也是因为，在民谣歌手之外，我看不到其他的出路。

我依旧在写作，甚至跟刚认识的朋友去报了平面设计班，想以后有机会了做个设计师。但这些对于那时候的我来说，都是辛苦生活之外的一种慰藉，我真正渴望的，还是登上舞台唱歌。

洛阳有个叫“鬼城”的地方，卖各种嘻哈朋克的衣服。那时候国内的民谣圈子还不像现在这样发达，那时候玩吉他的青少年的梦想都是搞摇滚，所以没人打温情牌，都在搞特立独行、桀骜不驯。

我那时候还没想清楚自己究竟能不能在音乐路上，尤其是在摇滚路上坚持下去，所以周围的人去文身的时候，我只是去烫个爆炸头。周围的人去打鼻环唇钉的时候，我只是去打个耳洞。只有周围的人去鬼城买各种夸张的衣服的时候，我才会一起买点回来。

顶着爆炸头，戴着首饰摊上买来的廉价耳环，穿着比身体大一号的韩版衣服，踩着大头皮鞋。从外表上看，我跟周围搞音乐的人，甚至跟“杀马特”都没什么区别了。但我内心深处还是有一个异样的声音。我需要的不是这些所谓的圈内人的认同，也不是一些叛逆的小太妹的盲目崇拜和喝彩。我需要的是真真正正的吉他技术，需要的是谋生的本领。

吉他短期培训班结束后，我又跟着老师学了一年多，学会了几首简单的歌曲，类似黄家驹的《真的爱你》《海阔天空》等等，我很着急，我想拥有可以让我饿不死的本领，我去找老师，问我什么时候才能学到真本领。

老师对我一顿羞辱，说我弹吉他没有乐感，打鼓没有节奏感，唱歌跑调，完全不适合搞音乐。我反问老师既然如此为什么不一开始就告诉我，老师说如果告诉你了，你还会交学费吗？

一边打工，一边学音乐，最后得出的结论竟然是自己完全没有天赋。我的老师曾经跟着心连心艺术团一起演出，多次和孙楠同台，他的专业水平我还是信服的；他弹起吉他来整个洛阳城都要敬佩，所以他的话我还是信的。尽管是羞辱，我还是放弃了吉他。

我把自己的无奈之情写成文章发表在网络上，意外地，竟然受到了首页推荐，随后一些报纸和杂志也进行了转载。网站编辑联系我，希望给我出本书，让我继续写下去。

那是 2005 年的夏天，我签下了人生第一份图书出版合同，收到了第一笔四位数的稿费，然后是第二笔、第三笔，音乐路上的不顺似乎是上天有意为之的，转了一圈，我还是回到了写作路上。

有了源源不断的稿费收入后，我就离开了洛阳，准备去西安。在去西安之前，我先到了临潼，有一个跟我非常聊得来的女孩在这里读书。洛阳之行虽然没学好吉他、贝司和爵士鼓，更没有学好唱歌，但谋生的本领已经有了。我深信过去生疏的写作能力在经历了在洛阳这一年多的艰苦生活之后，已经被我磨炼得炉火纯青。这盲目的自信，一直支撑着我写到了 2015 年，十年后，我才发现自己十年前的自信来得多么轻狂。

后来和朋友聊天，聊到初学写作的人，我总是要强调自信的重要。哪怕你写得很差劲，哪怕周围没人认可你，你自己一定不能放弃，不能怀疑自己。如果你自己都觉得自己写得很糟糕，那谁会觉得你写得好呢？当然自信也不能过头，在自信的同时，更重要的是不断学习不断进步，时间自然会给你一份答卷，只要你努力了，分数就不会太低。

04

从西安火车站坐公交车，到临潼，五块钱。这个在临潼读书的女孩子，后来成了我真正意义上的第一个女朋友。

刚认识的时候，她和我一样叛逆，听说我到了临潼，她从学校翻墙出来到火车站找我。2005 年的时候，临潼的火车站很小，但是很漂亮，像一座古建筑，或者说像一个教堂。

她空着手，我背着个破旧的小包，我们沿着临潼的街道走了一圈，然后去网吧上网，对网络上所有认识我们的人宣布我们在一起了。

那时候好傻，恋爱了、分手了都要昭示天下，而且不能更改。好像我们不是在和某个人谈恋爱，而是在和全世界谈恋爱。那时候这还不算秀恩爱，因为早恋还抓得很紧，那时候大家就像深海里的鱼，好不容易游到了海面上，总要长出一口气，叫喊两句。就像那些很少登山的人登上了空旷的山顶，想就着山风，听一听远处的回声。

夜里她没有回寝室，我们找了个三十块钱的破旅馆，穿着衣服牵着手睡了一晚，脚都没洗，更别说洗澡了。第二天一早继续吃继续逛，等我离开临潼的时候，她回到学校，被记了过，请了家长。

人有了钱就像鱼有了水，可以自由自在地畅玩了。同样人没了钱就像鱼被扔在沙滩上，只能挣扎。

我那时候的稿费，虽然可以让我自由行走了，但还禁不起我疯狂地开销，所以到了西安后，我租好房子后做的第一件事就是去找工作。

因为退学早，没有文凭，我也找不到什么像样的工作，最后因为能熬夜这个特长，就在酒吧里混了个保安的职位。

酒吧夜里八点半开始营业，凌晨两点关门。我三点回到住所，睡到十点起来写作，写到中午一点左右肚子饿了就煮点东西吃，下午不去书店或者大学的图书馆看书的话，就继续写作。

在酒吧那段时间，让我感受到了人生的无数种可能。酒吧除了我们这些保安之外，剩下的人分为三类，陪酒的女孩子们、端酒服务生们和在吧台调酒收钱的调酒师们。因为有个陪酒女孩的男朋友是保安的缘故，我和其他陪酒的女孩走得也近一些。

其中有个女孩用现在的话说可以算是“白富美”，她出来陪酒，任凭乱七八糟的男人抚摸，理由竟然是报复她那好色的父亲。

还有一个女大学生，是为了爱赌博却总输钱的男朋友。深入聊下去，每个看似平常的人背后都有一连串的故事。在当时，我的故事说出来还让人有点羞愧，他们问我为什么年纪这么小就出来打工，我说为了梦想，为了能一直走下去写下去。他们哈哈大笑，说敬梦想一杯。

在酒吧的日子里，我的酒量被提升到了常人望尘莫及的地步，白酒三斤啤酒十斤，连续十年不曾醉过。

当然，那时候怎么也喝不醉是因为没有什么心事，现在一喝就醉是因为经历的事情太多了，酒不醉人，心情醉人。

一个月有四天假期，可以一次休完也可以一次休一天，我每次都是一次休完。在假期里逛逛西安城，有时候甚至跑到咸阳和宝鸡去，当然去得更多的还是临潼，那里有女朋友以及秦始皇陵兵马俑。

在咸阳去得最多的是乾陵，秦砖汉瓦在那里，武则天的无字碑也在那里。而到宝鸡则是为了那里的美味小吃，我不算是“吃货”，但喜欢吃各种不同又美味的东西，算是为了丰富经历，积累写作素材吧。

很多事情在经历的时候觉不出有什么，比如学吉他失败，我当时觉得浪费了好多宝贵的时间，后来发现其实这对于我来说是非常宝贵的经历。因为这次失败，我在后来更加珍惜写作的成功了，同时也积累了经历和素材，不然我可能连什么是乐感什么是节奏感都不知道。

所以说年轻的时候成败得失不重要，不断地去经历去体验才重要。等有一天老了躺在床上不能动了，得到的金钱不能陪伴你，美色美味也无法享受，但回忆却可以一直陪伴你。你躺在床上，回忆过去的往事，身上的病痛都能减轻很多。

第二辑

此时此刻相爱的能力

人生的必需品，不是一场轰轰烈烈的爱情，更不是一次说走就走的旅行。并不是所有人受了伤之后都能痊愈，大多数人在轰轰烈烈之后都会留下一个大坟坑，埋葬的是一生都躲不开的痛。

我爱的你
是自由的

英俊潇洒胆识过人，幽默风趣才华横溢，出手阔绰富可敌国，更难得的是，他很喜欢我。即便知道天上不会掉馅饼，大多数男人仍旧会对美貌诱人的女人心存非分之想，女人也一样。

有一种说法，“人之初，性本贪”。后天所学的知识、礼貌、规矩、道德乃至法律，都不过是为了抑制、约束这种贪欲罢了。

所以当他向我示好的时候，我并不觉得我的心动有什么不妥。即便后来知道了骑白马的不一定是王子，手捧鲜花的可能是人渣，即便知道了被上天万般垂怜恩宠到几乎完美的他是个好色的“集邮男”的时候，我仍旧在想，到底是跟这样的人欢度一时好，还是跟一个老实巴交的无趣男人共度一生好？

宋若水在我身边讲述她那场惊心动魄的艳遇的时候，我正在看小说版的《五十度灰》，一本烂书能热一时，不得不承认，人心不古，像宋若水这样的女人太多了。

作为一个性取向正常的“直男”，还有点霸道和大男子主义，我其实是不赞同宋若水的观点的。但站在她的角度，站在广大女性的角度，她的想法其实也没什么过错。男人女人都一样，时代已经到了这一步，如果再拿“男人有几个女人就是有本事，女人有几个男人就是不要脸”的框框去衡量别人，无疑是作茧自缚。

我们爱一个人，首先一定是被他身上的某种闪光点所吸引，此时此刻爱只是我们自己的事情，与我们所爱的那个人无关。如果侥幸他接受了这份爱，并不等于他仅仅属于你，他应该仍旧是自由的。包括我们自己，爱一个人，也并不意味着要把自己奉献给对方，并不意味着就属于对方。虽然大多数时候，爱的那个人是被动的，但我们必须承认爱情里没有永远被动的一方，所以给对方自由，也是给自己自由。

深入地了解爱情，剖析爱情，会让神秘的爱情变得不那么浪漫，就像感情太丰富的人读哲学会瞌睡一样，但这种深入并不会让人变得不道德。正相反，了解得越深刻，人类越文明，愚蠢的反人类的脑残行为就会越少。

所以没事的时候，我就会跟宋若水一起，谈谈爱情。是的，只是谈谈爱情，不是谈谈恋爱。虽然她长得确实秀色可餐，但我们都知道我们之间无法产生爱情，即便上了床也只是激情，不可能有爱情。

爱情是可以抛开欲望独立存在的，这种存在其实是反人性的。我们都知道，爱的颂歌里有这么一段话——爱是恒久忍耐，又有恩慈；爱是不嫉妒，爱是不自夸，不张狂，不做害羞的事，不求自己的益处，不轻易发怒，不计算人的恶，不喜欢不义，只喜欢真理；凡事包容，凡事相信，凡事盼望，凡事忍耐。爱是永不止息。

如果能做到上述几点，那就是圣人了。而我们都是凡人，所以我们只有在爱的时候，才接近圣人，所以说爱是伟大的，可以把凡人变成圣人，可以让庸人身上闪耀光芒。所以我们歌颂爱，但没有哪个凡人能一直拥有爱。

前阵子看到一则新闻，说一个男子出了车祸被送往医院，十七个女朋友前来探望。而这十七个人都不知道对方的存在，是院方通知了她们所有人，还是有人故意恶作剧通知了所有人也是个谜。

被通知的人几乎异口同声在指责这个男人花心，对所有人说同样的话，而且还涉嫌骗取其中几个女朋友的钱财。

这个时候，如果我们去探寻这个男人的本质，那么无疑他是该遭到唾弃的，尽管他在骗女生的手段上已经高超到了我都敬佩的地步，但毕竟是骗。初衷是骗，则无论以何种借口，都不值得原谅。

但如果我们去探寻爱的本质，十七个人里竟没有一个发现真相后仍旧爱这个男人的，没有一个被骗得心甘情愿的。这同样是件令人心酸的事情，也就是说，尽管这十七个女人的初衷是爱，但这爱仍旧是有条件的，那就是对方诚实不花心，做不到这一点，就必须出局。

或许从某种程度上来说，我们所有人的爱和这十七个人一样，带着条件，在一开始，就已经画了一个圈，一旦出了这个圈，爱便不复存在。

因为写了很多情感类的文章，平时总能收到读者私信问感情问题。类似要不要和他走下去，或者父母反对我该怎么办。

其实在问出这个问题的时候，我想读者心里已经对这份爱动摇了。这时候不管是我也好，还是身边的闺蜜亲朋也好，只要稍稍使点劲，这面已经有了裂纹的爱之墙便会轰然倒塌。

爱很伟大，也很脆弱。所以说，当我们考虑到条条框框的条件的时候，爱便不再是爱。爱是流动的，只有在我们无私相待的时候才存在。

当我们无私的时候，爱是自由的，对方也是自由的。回顾我过去二十多年的生命，只有在二十岁以前，我遇到过这种自由无私的爱。可能在那个年纪，我们大都还在父母的庇护下，可以不考虑现实里的琐碎麻烦事，可以完完整整、彻彻底底地享受爱情本身。

二十岁以后，可以杀死爱情的东西就越来越多，我们的负担也越来越重，这时候想简简单单地谈一场恋爱，已经变得越来越奢侈。

所以如果看这篇文章的你还未满二十岁，那就尽情地去享受爱情吧。如果已经超过二十岁，那么你无须为逝去的爱情烦恼，因为我们都一样，所有人都一样。就像到了一定年纪之后，我们便不会再长高一样。过了二十岁，纯粹的爱情，也会渐渐消失。

不曾长夜痛哭的人，不足以谈爱情

要看过多少次爱凋谢，才甘心在孤独里冬眠。我的青春期用这句话就可以总结。

现在我对人挺冷淡的，这份冷淡全部来自当初那份疯狂的热情遭遇的失望。现在除了热爱我的粉丝和比我优秀、值得我学习的人，我几乎不与其他人交流。

因为多余的交流只能带来厌恶，可能这样会有人说，你会没朋友的，然而恰恰相反，随着你越来越努力越来越优秀，你的朋友、对你好的人会越来越多。

可能又有人会说，那你没有真正的朋友，真正的朋友可以为你抛头颅洒热血两肋插刀，可以借钱给你，可以在跟你同时喜欢上一个人的时候主动选择退让。

那么请问你呢，你有这样的朋友吗？

这世上大多数人，都在用自己做不到的、自己也不曾拥有的东西，去苛责别人。而这大多数人包括你的所有亲朋好友甚至父母。

对人性的这份失望，并没有让我变得很糟糕，反而因为这份冷漠，让我有了越来越多的时间追求自己热爱的东西。这种冷漠也并不是对所有的一切漠不关心，而是适当地、理智地和周围的人保持一定的距离。

而在过去，我是学不会冷漠的，所有对我好的人，我都想回报，所有我喜欢的人，我都想奉献。这样除了把自己搞得混乱不堪之外，什么也得不到。

因为你的人生中注定会遇到一些人，他们骗你、伤害你，如果你不跟他们保持距离，就注定要受伤。不管你多优秀，都无法避免遇到这些人。

人之初，性本善，但你无法永远生活在人之初，因为下一句就是“性相近，习相远”。人与人之间因为不同的经历，会存在巨大的差异，即便经历相同，先天的遗传也会让你们对同一件事做出不同的选择。

所以现代社会越来越多的人选择养宠物，宠物的确比人要可爱得多。有一些人总是在说，现代社会越来越冷漠了，过去那个社会多好。

过去那个社会真的好吗？的确，过去人与人之间讲情分，但又会用这点情分约束你一辈子。过去的人几乎没什么选择权，就那一两条路，别人都在走，你便也要走。

所以，我不觉得现在社会这种冷漠有什么不好，人类是在发展进步的，既然人类做出了这种冷漠的选择，那就说明现代乃至未来都需要这种相处方式。

不过多地干涉对方，就是对对方最大的尊重和爱。

但不干涉并不意味着不帮助，如果对方求助了，那还是必须要认真负责地奉献自己的力量的。而不是在对方没有求助的时候瞎指挥瞎帮忙。

我从小就在不断地被父母干涉，他们以各种不放心作为理由，造成的结果是不断地给我人生增加负担。好在我从不听从干涉，我想但凡我妥协过一次，那么我的人生就和周围人一模一样了。

在我考虑清楚决定退学的时候，在我决定外出远游的时候，在我第一次带喜欢的女生回家的时候……

没有一次，父母是按照我的意愿来帮助我的。但父母毕竟是父母，他们的干涉即便造成了遗憾，也无话可说，毕竟他们有恩于你。

另外的一些人呢，他们从不曾给你恩惠和帮助，却还是在不厌其烦地干涉你。比如说现代社会的所谓老师。正所谓师父领进门，修行在个人。学习是一辈子的事，但学什么、怎么学只能靠自己决定，因为人生是你自己的。

但老师们不这么觉得，他们总是会用他们那点可怜的人生经历来告诉你，你应该学什么，学什么才有用，某某某就是因为学了什么，现在怎么怎么样了。

当然并不是说所有的老师都这样，我会特别提到老师这一行业，就是因为遇到过几个只是把我领进门，指点我，只会及时地纠错，从不在我学习揣摩的过程中瞎干涉甚至讽刺我、打击我的好老师。如果这样的老师多一些，社会上就会少一些因厌恶老师而不去学校的人，多一些不管在哪儿都在学习的人。

父母在上，老师次之，其后的情侣、朋友、同学、同事、老板，仍旧会在你的人生道路上做出各种干涉，你每一次的妥协都会变成未来的后悔。所以在目前的社会中，活一辈子就像取经的唐僧，九九八十一难，你不惹妖怪，妖怪却还是要吃你的肉。

以冷漠待人，是我们这个十多亿人口的国度目前最好的相处方式，因为我们只是冷漠，并不凶残。亚洲最发达的国家日本，比我们更懂得人与人之间的距离，我们国家的人过去之后常常会因为对方的冷漠而寒心，又会因为对方的有礼而感动。

所以我希望我们周围的人，在越来越冷漠之后，也能变得有礼一些。不要在对方不听从你的时候扬言要跟你断绝关系，要清楚你们本身就没有什么关系，每个人，都是独立的个人，不属于任何人。

我在青春期的时候，喜欢过两个我个人觉得很美好，别人并不觉得有什么稀奇的姑娘。比起后来追求我、喜欢我的人来说，可能大多数都会觉得她们俩乏善可陈。

但对于那时候的我来说，她们就是神，就是光的来源。和她们在一起什么也不做心情也会很好，她们要是对你好一些，那感觉就像吃了兴奋剂。

那种感觉后来再也没有过，是因为她们并不认可我的这种喜欢，反而觉得是一种负担。所以后来我即便很喜欢一个人，也不会表现得太明显。这样虽然会少一些轰轰烈烈，多一些平平淡淡，时间久了，却也能从这份平平淡淡里感受到美好和善意。

因为你喜欢一个人，并不能要求对方也喜欢你。而别人喜欢你，你也没必要一定要回赠以喜欢。

人与人之间的感情非常奇怪，在某个点、某个特殊的环境，你会对一个人有好感。过了那个人生阶段，这份好感可能就荡然无存了。所以能够产生爱情，在你对一个人有好感的时候，对方也刚好喜欢你，那真是太难得的事情了。

然而可惜的是，我周围大多数的爱情，都是一个人疯狂地对另外一个人好，那个人感动后以为这个人会一辈子这样，疯狂的人甚至也发誓说会一生一世对她好。但结果呢，疯狂的劲头过去之后，那份她自己幻想出来的爱情就荡然无存了。

所以爱情不是感动，甚至也不需要付出。爱情应该是两颗心同时加速跳动，看彼此一眼就觉得很幸福。

写到这里已经决定结束了，谈论了人生，也谈论了爱情，但其实我本来是想谈谈那些让我长夜痛哭的过往的，但显然还不是时候，无论怎么诱导，都无法让自己写出那段辛酸，也就只能就此作罢了。

恋爱是两次失恋之间的一次休息

01

郑钧有一句名言——幸福只是两次不幸之间的一次休息。

而对于二十一岁的沈腾来说，恋爱则是两次失恋之间的一次休息。不管幸福也好，恋爱也罢，我想每个人应该都想休息得久一些。

只不过比起幸福来说，恋爱更为复杂，从一开始的暧昧试探，到接下来的你侬我侬热情似火，再到后来的渐渐冷却和老死不相往来，得到后再失去的痛苦远远超过了从未得到。

沈腾能够一直恋爱，源于他的性格，总是热热闹闹风风火火的，吃喝玩乐一样不落，可以说是我的生活圈子里最热情生活的一个人。

除了他，我周围的其他人要么从不恋爱，要么恋爱一两次就对爱情绝望了。他们可以接受学习上或事业上的失败，觉得是自己还不够优秀不够努力，却无法接受感情的失败，因为感情里没有优秀和努力之分，看着不对眼就是不对眼，时间久了厌烦了就是厌烦了，谁也不能改变人类的倦怠感。

我总是拿沈腾来讽刺身边那些被爱情打败的人，但他们从不服气，每次都用沈腾年纪还小来反驳。在他们看来，过不了几年，沈腾就会对一次次失败的感情感到疲惫。

好在沈腾争气，每次只要他在场，就肯定会用“我爱故我在”来替我反对那些已经对爱情丧失信心的人。

我二十八岁那年的夏天，沈腾过二十五岁的生日，他在城东最大的一家酒店订了一桌酒席。玩得好的朋友他都叫了，并且要求大家必须带上伴侣。于是有一半的人为了蹭沈腾的这顿饭，临时找了关系还不错的异性朋友一起赴宴。

我明白沈腾的意思，他是希望通过这次饭局，撮合成几对，所以饭局之后他还安排了 K 歌的环节，一群本就关系模糊的男男女女，在昏暗的光线下，很容易看中对方。

02

虽然事先已经知道沈腾会邀请哪些人，但还是没想到沈雅荷会来。如果知道沈雅荷会来，我肯定就不会带着王小艺去了。

没错，小艺是我发展的对象，而沈雅荷是我以前的女朋友。她会跟随沈腾出现在这场饭局里，那必然也就是沈腾发展的对象了。

自己的前女友变成自己好朋友的追求对象这种事，我已经不是第一次遇见了。这个世界很大，有些人错过了就再也遇不到；这个世界又很小，有些人你想躲也躲不掉。

沈雅荷依旧像跟我在一起时那样清瘦白皙。看着她软软的小腿，我想的是她曾经坐在我身上时的轻盈；看着她抹胸下露出的浅浅乳沟，我想起当时我们一起聊过的关于养育几个孩子的话题。那个曾经说要给我生一大堆孩子的女人，此刻就坐在我对面，对我视而不见，却被我朋友的笑话逗得抿嘴浅笑。

王小艺第一个注意到了我的失态，她掐了下我的大腿，然后像蚊子一样在我耳边低声说道——你总盯着人沈腾的对象看什么。

我说你弄错了，我不是在看沈腾对象，而是在看沈腾对象后面的挂钟，这种西式的古典挂钟很少见了，没想到能在饭店看到，也不知道老板愿不愿意卖。

说到后半句的时候，我故意提高了声音，让周围的人也都听到了。于是大家的注意力都被吸引到了挂钟上，连沈雅荷也转过身看了一眼。

她转身的那一刹那，我看到了她脖子上的那个蝴蝶文身，她曾经说过，只要这个文身还在，我就还是你的人。

03

我愣神的工夫，王小艺又在我耳边嘀咕了一句——别狡辩了，你就是在看她。她到底是你什么人？

王小艺跟我认识不久，对我的生活习性却是了解得很透彻，见她已经看穿，我也不想再隐瞒。刚好这时候包厢外在放萧亚轩的《最熟悉的陌生人》，我就直接报了歌名。

不管她曾经是你什么人，现在你都是我的人，你给我老实点，收起你的色眼，我也不想在这儿跟你吵架。——王小艺竟然主动说清楚了我们的关系，在这之前我们暧昧了很久，谁也不愿意迈出那一步，我几次暗示，都被她装糊涂蒙混过去了。没想到一个沈雅荷，竟激得王小艺主动承认了我们的关系。

要是比起外表来，除了皮肤不够白皙之外，王小艺处处都比沈雅荷强，正所谓好马不吃回头草，虽然沈雅荷的突然出现打乱了我的思绪，但冷静下来之后，我也清楚了我并不可能再跟她发生什么。

大家一起吃了饭喝了酒重复了“我爱故我在”这一歪理邪说之后，就各自带着各自的对象消失在了茫茫的夜色里。

或许人生也是这样，我们想要的，终将失去。我们从未想过的，却变成了自然而然习以为常的生活。

愿我们的友谊
不需要用礼物来维系

我是个特别爱收礼的人，同时又是一个特别讨厌送礼的人。古人云己所不欲勿施于人，所以写这篇文章的时候我有点讨厌自己。

逢年过节，总是能在朋友圈里看到一堆人晒礼物，同时也有一堆人冒出来要礼物。我是从来不主动送人礼物的，但若有人送我，我一定会回礼。这种成人式的、礼貌的社交行为，对于我来说已经成了习惯。

回想起来，我回送最多的礼物，就是布娃娃了，几乎回送过五六个女生，差一点儿就可以赶上李晨那可以召唤神龙的七颗石头了。

我是挺喜欢布娃娃的，也畅想过有人送我布娃娃，让我拿来当坐垫或者靠背或者抱枕。但是很可惜，每一次，我收到的女生礼物基本上都是围巾和手套，而男生送我的基本上都是奇形怪状的打火机和象棋。

说起象棋，就让我想起了一个被礼物折磨得不成人样的女生。那是五年前了，我在网上公开挑战文学圈的象棋高手，扬言能赢我我就以身相许。那时候我的象棋水平已经登峰造极到可以轻松碾压特级大师的地步，所以最初的半年里，我赢棋赢得都烦了。

可惜后来，我还是输给了一个江西的妹子，你也可以说是我故意输的，总之对方长得确实不错，我也就从了。

在一起之后我才发现，她是个一年要过十二个情人节的“礼物控”，别人送她的每一份礼物她都会认真收藏并写进日记里。

做她的男朋友，幸福的时候也有，比如她会从网上定制巧克力蛋糕，上面写满了只写给你一个人的甜言蜜语，让你吃进肚子里。再比如她会在你生日的时候把自己装在快递箱子里，让快递员搬到你家里，在你打开的时候给你一个长吻。

但更多的时候是痛苦的，对于她来说每个月的十四号都是情人节，只是颜色不同罢了。还有网络上兴起的各种奇怪的节日以及国内的传统节日，让我觉得时间过得特别快。每次过节她都会送不同的礼物给我，并且要求我送各种不同的礼物给她。

她并不注重礼物的贵贱，但一定要独特，回想起来，我送过她的东西足足可以摆满一个房间了，大的像变形金刚，小的有存满了我各种乱舞瞎唱的 U 盘，幸好分手的时候她没还给我，不然我都不知道放哪儿好。

不过我还是要感谢她，是她让我变成了一个勤奋的作者，因为后来我发现她最喜欢的礼物还是我写文章献给她，每次都写不同风格，有时候她是古代的女侠，有时候她是现代的警察，有时候她是奇幻世界的仙子。

扯远了，回归正题，早上的时候我看到一条新闻，说有个人结婚，朋友送他红包，里面是一张白纸，上面写着三千元。

且不说N年后送这种红包的人肯定会收到这种红包，只说婚礼送红包越送越大这件事，已经导致我快没朋友了。

那些结婚前跟我你来我往礼物不断，结婚时却见不到我的人和红包的家伙，在结婚后就自动从我的朋友圈里消失了。我不知道这算不算是势利，以前也遇到过那种你天天给他糖吃，一天不给他就骂你的小朋友，但那是小时候了，没想到大人也有这么计较礼物的时候。不过比起那些十年不联系，结婚的时候却发请柬让你送红包的朋友，这些已经算是好人了。

或许在我们这个注重礼节，把礼跟仁、智、义、信并排的传统大国，想逃避送礼是永远不可能的事情。但我仍旧希望，我能有一群不需要用礼物来维系的朋友。相视一笑，肝胆相照，十年不联系，再见仍能两肋插刀，这才是我心中友谊的最高境界，那些今天你给我个发卡，明天我送你一张明信片的友情我也能理解，但我总觉得，那太矫情，不适合我这样的粗野汉子。汉子的礼物，就应该像荆轲和樊於期对太子丹那样，你要我的项上人头？不用你动手，我自己割下来让人包好给你送去。

有些爱
经不起等待

七七说我是个乖巧听话的小孩儿。说这话的时候我们隔着千山万水，她那奶声奶气的声音伴随着因信号不好产生的沙沙声传入我的耳朵，使我的嘴角不自觉地上扬。我想她该不会正叼着奶嘴吧，但我不敢问她，否则她一定会大叫一声“去死吧”，然后挂掉电话。她经常对我说：“去死吧！”但我至今仍完好无损地活着，可见我并不是个乖巧听话的小孩儿。其实我连个小孩儿都不是，生日蛋糕上的蜡烛已经插了十八支了。但七七不管这些，她总是要固执地叫我：小孩儿、小家伙、小朋友、小鬼、小坏蛋。似乎这样就显得她很大了。若是别人这样叫我，我一定会说：“您该配眼镜了，从这儿往左拐，过了一个十字路口再向右走十米就有一家眼镜店。”可面对七七的挑衅，我却一点儿脾气也没有，你说我是不是爱上她了？

我们没有见过面，一次也没有。但我可以想象出她的样子：

小小的胖胖的身子，调皮的大眼睛，小鼻子小嘴巴，像个卡通娃娃。我敢肯定她的乳房一定发育不良，最多只有核桃那么大。我可以连贯地背出她家的地址。她知道我记性不好，每次在网上遇到我，她都会说：我家住在西安市××路56号，我会一直在这里，直到你来，带我离开。她说这话的时候似乎是很认真的，可惜我看不到她的表情。她从来不跟我视频，也不给我看照片。

我不敢去见她，因为我长得人见人烦车见车嫌。我也不敢把我的地址告诉她，我怕她会突然出现在我面前。你别看我在网络上人五人六的，一到现实里，我就像只乌龟，像株含羞草，像一只终年生活在阴暗角落里的软体动物。幸好七七并不勉强我，她说她会等的，她说我是她最美好的期待。她越是这样美化我，我就越想把见面的时间往后推。

七七很少谈自己，她喜欢讲她妹妹的事情。她妹妹叫小九，也是个古灵精怪的丫头。听七七说，小九特霸道，总是抢小朋友的玩具，若是有人不服气，她就把人家揍得喊妈妈。听七七说，小九爱吃冰激凌，每天一个，一年四季雷打不动。得了胃病也不在乎，常常看到她把治胃病的药伴着冰激凌一起送进嘴里。

听七七说，小九长大后常常躲到房间里哭，并不是受了欺负，是她感到无助、空虚和寂寞。她常常一个人站到阳台上看外面的世界，什么都不想，又好像什么都在想。

有时候我怀疑七七根本没有妹妹，小九是她编造出来的人，或者小九就是七七自己。但我不敢问她，我怎么可以不相信她呢？她说她有做我妈妈的潜质。

我是怎么和七七相识的呢？说起来倒有几分诡异。那天晚上我梦见自己站在一艘轮船的甲板上，海风很大，我靠在一根横杆上看夜空。突然月亮掉了下来，掉进了海里，但并没有立刻沉下去，而是随着波涛一起一伏。过了一会儿，一群美人鱼浮出了海面，她们用手推着月亮游远了，但有一条美人鱼留了下来。我感觉到她在看我，就冲她挥了挥手，她似乎对我说了些什么，然后就钻进了海里。醒来后我去上网，发现QQ里多了一个不认识的人，那个人就是七七。第一次聊天她就把我弄得很狼狈，她用英语跟我打招呼。英语我并不陌生，从A到Z我都认识，可一旦把它们打乱顺序排列在一起，就只是看着面熟却叫不出名字了。后来我把我的梦告诉七七，她蛮横地说她就是那美人鱼的化身，因贪恋我的目光而失去了月亮，她让我赔她一个月亮。我说你可以在月亮下面捧起一些水，那样月亮就在手中了。

七七说这个世界给她的第一印象很不好，她刚钻出妈妈的肚子时，手术灯刺得她眼睛生疼，她想钻回去，可医生硬是把她拉了出来。她不服气，想抹了脖子再投胎，却拿不动刀子；想咬舌自尽，却没长牙齿。后来长大些了，就习惯了周围的一切。她认为总有一天会有人来拯救这个糟糕的世界的，她在等待。她是个喜欢夜的女孩子，她说在夜里她的眼睛会格外的清澈，会发出清冷的光。我也常常在半夜里醒来，然后悄无声息地爬到屋顶，如果看到流星了，我会给七七打电话。其实不用打电话的，她那个时候也在看夜空。

七七还喜欢写故事，发表在网络上。她的故事里的女主角永远都叫七七，她喜欢“七”这个数字，夹在“六”和“八”这两个世人称之为吉祥的数字之间，显得超凡脱俗。故事里的七七住在回忆里，故事里的七七有许多支离破碎的回忆。故事里的七七总是被一个叫天涯的家伙保护着，天涯也是我的名字。七七说天涯是遥不可及的。和七七沟通一点儿都不费劲，她总是很容易就能让我对着电脑傻笑。故事里的七七常常是孤单的，父母都有各自的家，天涯和卡拉卡其是她唯一的伙伴，可是天涯要上学，卡拉卡其是一条小黑狗。故事里的七七有一所大房子，像孙燕姿的歌里唱的那样，有很大很大的落地窗户，阳光洒在地板上，能温暖到被子。有很多很多的房间，一个房间有最快的网络，一个房间有很多的吉他，一个房间有很漂亮的衣服，一个房间住着朋友和他的爱人。房间太多了，她都不知道该放些什么，他们晚上不睡觉，白天在床上思考，小狗在屋里奔跑。

除了外表惹人厌烦之外，还有一个原因阻止我去见七七，那就是贫穷。七七是个调皮任性、多愁善感的女孩儿。要想照顾好她，除了要有百折不挠的耐心、英俊潇洒的外表和出口成章的才情外，还得有坚实的经济基础。常常有人问我为何面黄肌瘦，我说是悲秋伤春的结果，其实是被开水泡碗面折腾的。才高八斗、富可敌国那是在网络上，现实生活中坐公交车有时候我都得从后门上。我的确答应过七七，要带她环游世界，可那要等到我功名成就的时候。那一天，我自己都不知道要等多久。

浪漫的爱情故事不该有后来，后来一定是不浪漫甚至是残酷的，要么人老珠黄，要么始乱终弃。

后来七七还是等不及了，她说：你来找我好吗？就在今年的七夕夜，我在大雁塔等你。我没有拒绝她，我准备了赴约所需的钱，可到了那一天，我还是没有去，我甚至都走到火车站了。七七在七夕夜之后就在我的生活中彻底地消失掉了。电话号码注销了，QQ 永远是死一般的灰暗。但我知道她的地址，我想，假如有一天我真的出人头地了，我会去找她的。

请把我的
开心钥匙还给我

每个女孩的心都是一把锁，如果有一天她把钥匙交给了你，请一定记得，不要弄丢了。

01 你的幻想可能是他的日常

车从昆明站开出半个小时后，我旁边的座位上来了一位姑娘。之所以在车开出半个小时候才找到位置，是因为她上错了车厢，然后一直从车头走到车尾，穿越了十七节车厢，才走到了我的身旁。

她有收集车票的癖好，她一生中坐过的所有车的车票，都被她随身带着。这是她第二次从昆明去大理，也正是因为她在上车前看了第一次去时的旧车票，才导致她弄错了车厢。念旧的人，总是容易迷路、迷茫，或者说念旧的人，本身就是一个谜。

当然，这是我后来才知道的，第一次见面的时候，她留给我的印象，只是一个匆匆忙忙的，高挑清瘦的，有着健康的小麦色皮肤的姑娘。

我喜欢皮肤雪白的女孩，虽然对小麦色皮肤的姑娘不反感，却做不到一见钟情。当然那时候她眼中的我，连个同龄的异性都不算，甚至连个人都不算，我从她的眼神里可以感觉到，我虽然坐在她身边，但她对我的感觉，就像对我们头顶行李架上那一排箱子，只是一个陌生的摆设。

她放好行李坐下后，就开始喝水，听歌。好像只要戴上耳机，周围的一切都与她无关了。在音乐声中，她置身的不再是一个喧嚣的车厢，而是一片空旷的麦田。

那时候车票还没有实名制，国内大部分的路段都是绿皮火车，车窗可以随意打开，车速奇慢无比。甚至在很多年后，几乎所有的路段都淘汰了绿皮火车后，昆明到大理和丽江这条线，依旧是走走停停的破绿皮火车，没有空调，头顶的风扇吹出来的风都是热的。但是车一开动，风从窗外吹进来，那感觉，就像是坐敞篷跑车。

坐这条线的人，不是游客，就是本地人。本地人已经习惯了这种燥热的天气和乌龟一样的车速。而游客在厌倦了大都市的快节奏后，对这缓慢破旧的交通工具，在好奇心之外，额外多了一份耐心。即便耐心耗尽，因为是逃离日常生活出来透气，大都也是各怀心事。而人一旦有了心事，对周遭的一切就格外的不敏感。

就像我，看着窗外陌生的风景，想起刚刚离我而去的姑娘，眼泪不知不觉就涌出来了，这时候哪里还在意周围热不热，车速慢不慢，甚至窗外的风把流出的眼泪吹到了额头上、头发上，我也只是随手一擦。如果不是乘务员过来查票，我大概会一直悲伤到终点站。

身边的女孩摘下耳机向乘务员出示车票的时候，我无意中听到了她在听的歌——“还记得你说家是唯一的城堡，随着稻香河流继续奔跑，微微笑，小时候的梦想我知道”。

因为小时候听摇滚，长大了听民谣，所以对流行歌曲，对一些大众化的东西，那时候的我，都是嗤之以鼻的。当然，那些大众化的人，也对我们这种追求小众、追求特立独行的人嗤之以鼻。

人与人之间就是这样，大众鄙视小众的我们，我们却鄙视比我们更小众的杀马特。而在杀马特眼里，可能全世界都是傻帽。

02 洱海仓山

我在大理下了车，住在来之前就定好的白族民居里，拉开住所的窗户就可以看到苍山，走出住所五百米外的地方，就是大理古城。

在下车的时候，在下车后打车的时候，甚至在办理入住手续的时候，我都没有留意到车上跟我坐在一起的女孩，住在我的隔壁。

住下后我就去了古城散步，大理住满了失恋的人、追求梦想自由的人、灵魂破碎的人，随便找一个酒吧，就能听到一串故事。

所以一直到第二天早上，我之前约好的导游叫我起床，要我在酒店门口等她来接我的时候，我才发现，火车上的那个女孩，不但跟我住在一起，还跟我报了同一个旅行团。

说是旅行团，也并不专业，只是家里有几辆越野车的当地人，可以载我们去洱海划船，因为是当地人，对周围的风景很了解，所以在开车的时候，可以跟我们讲讲大理的风土民情，推荐一些好吃的去处。因为收费低廉，我在网上看攻略的时候，就记下了导游的电话。

虽然在火车上没有任何交谈，她也将我视作空气，但毕竟在两天内连续两次坐在一起，那种眼熟的感觉还是有的。但前文说过，我喜欢皮肤雪白的女孩，所以，并不想主动交谈。上了导游的越野车后，我们直奔洱海。

在路上导游跟我们推荐了划船和野餐的项目，并介绍了收费标准，在导游看来，我们两个一起划船、一起野餐是最好的选择，不但有趣，还很省钱。我作为男生，当然没有意见，她盯着我看了一会儿，犹豫了下，也接受了。

很多年后看到各种相亲网站人气爆棚，看到身边有人想在网站上报名的时候，我都会及时拦住，推荐他们去路上，我觉得在路上，一起经历一些事情，那种从陌生到熟悉的感情，要比网站上推荐的自然得多，毕竟是要找一个相伴一生的人，如果一开始就是刻意的，就难免会有刻意的结局。

导游把我们交给船家后，就自己去玩了，船家并不知道我们两个人才刚刚认识，看到我们同龄，又是一起来的，就自以为是的把我们当作情侣了。在船划开之后，他故意坐在船头，只扮演安全员的角色，至于要划到哪里，全看我们俩的心情。

洱海很大，我们两个奋力划了半天，却还在离岸边不远的地方，好在我们也没什么事情，也就随风游荡了。在船上我们依旧没有说什么话，可能在船家眼里，我们是一对闹了别扭的情侣。

03 情人锁

一直晃荡到吃午饭的时间，船家才带我们去吃烤鱼，鱼是鱼鹰刚刚捕捉上来的洱海的鱼，烧烤的材料和工具需要我们现场买，因为都不贵，小麦色皮肤的女孩买了鱼，我就买了烤鱼的工具。买完东西后我们就在岸边闲走，直到找到一片合适的空地开始烤鱼时，我们才开始交谈。

“昨天我们好像在火车上见过。”说出这句话的时候，我在生火，并没有看她。

“好像是吧。”她显然也没有看我。

“接下来还有想去玩的地方吗？”如果不是两个人不说话有些尴尬，我其实不想问她的。

“天龙山。”

“拍《天龙八部》的地方？”

“我倒不是为了《天龙八部》。”

“那是为什么？”我自己都嫌弃自己问得有点多了。

“去取一把锁。”

国外有一个地方，情侣去了，去挂上一把锁，好像锁住了对方，一生一世都不会分开。天龙山也有这么一个地方。

聊到了锁，我问得就多了些，女孩倒也从容，在接下来的交谈中，她告诉我她叫沈冰，这是第二次来大理。她第一次来的时候，是和男朋友一起的，当时两个人挂了一把锁在这里，后来分手了，她这次来，是想找到那把锁，想办法取下来。

因为这样的锁，锁上后就要丢掉钥匙的。而且每年有那么多的情侣来，挂上的锁都差不多，找到自己那把锁太难了，即便找到，那地方在半山腰，又叫不来开锁专家，怎么打得开呢？沈冰跟我说这些，是想让我帮她想想办法。

烤鱼、烤猪蹄、烤一切食材我都擅长，正所谓术业有专攻，我的专业，就是烹饪出各种美食。你要是让我唱歌、跳舞或者讲冷笑话，那绝对是在为难我。沈冰让我帮她想办法开锁和找锁，就跟让我唱歌跳舞一样，甚至更过分。我又不是神偷，哪里有开锁的本领。不过好在她只是让我帮忙想想，想不出也没关系，这本身就是情感问题，不是技术问题，如果她心情好，不介意这把锁了，那最后找不找得到，打不打得开都没关系。

我们在岸边连吃了几条鱼，感觉到肚子饱了，心情好了，才决定返程去天龙山。导游就在附近，一个电话就来接我们了。

04 天龙山

上山的时候，我们对彼此都已经很熟悉了。虽然看着冷冰冰的，但我们都属于外冷内热的人，一旦打开了那层隔阂，周围的人会觉得我们像两个话痨。

不过“话痨”这个词，只对于不喜欢你的人。喜欢你的人会觉得你说什么都是对的都是好的，会觉得听君一席话，省我十本书。

我们在不交谈的时候，都把对方当空气一样无视，一旦聊上了，精神上做了沟通，就开始觉得相聊恨晚了。

其实从到云南来第一站不去丽江而是在大理就可以看出来我们是同类人，我们出来不是为了艳遇的，我们还是有梦想、有底线的人。

上山之前，我跟导游打了招呼，从他车上的工具箱里拿了个扳手和锤子。我想如果找到了那把锁，打不开就砸了它，凭借我的力气想要砸碎一把锁还是没问题的，只要景区的管理员不拦着。

天龙山上有很多景点，可以徒步也可以坐索道，因为我们是带着目的来的，就没有在其他地方停留，直奔情侣锁。

和先前预想的一样，时隔多年，这里的锁比沈冰当年和男朋友来的时候多了一倍。沈冰当时也没想过有一天要取下这把锁，所以就没有特意留记号，而且就算留了记号，这长年累月的风雨侵蚀，再深刻的记号也磨没了。

望着密密麻麻的情侣锁，沈冰哭了。我把肩膀借了过去，她也没有推开。等她哭完了，我递了张纸巾过去。

“其实，锁不在这里，锁在你的心里。打开了心里的锁，这里的锁开不开都不重要了。”准备下山的时候，我还是说出了早就想说的这句话。

“你心里也有一把锁吗？”

“来大理的人，谁心里没有一把锁呢？”我没有正面回答她，我们虽然很熟了，可是关于感情上的伤害，我怕我说出来，就永远也忘不掉了，而这次我来，是想忘掉过去的。

我原来的计划是，在大理玩两天就回去，还有工作等着我。沈冰原先也是打算故地重游一遍，然后取了锁就回去，她有未婚夫在等着。

可是因为遇到了彼此，我们都不急于回去了。回去，就意味着回到一成不变的生活中，回到看不见栅栏的牢笼中。

当晚，我们住在了一起。我们没有谈论爱情，没有谈论未来。我们甚至不承认这是一夜情，因为第二天我们还要在一起。如果非要给这段关系定性，我想，我是把她当作临时的女友，她把我当作最后一个男朋友。

05 丽江

大理让我们相遇，大理同时也是她的伤心地，所以变成了情侣之后，我们就打算去丽江和香格里拉。我们想尽量在外面野得久一点儿，然后再以新的面貌收拾那一成不变的生活。

她的未婚夫一直打电话来，最后她索性关了手机。我在公司是很不起眼的螺丝钉，失踪多久都不会有人在乎我。上学的时候，我旷课久了，就被销除了学籍。如今上班了，旷工久了，我想等我回去，就只能换一份工作。

我们年少时都以为自己以后可以无所不能，真正长大了，才发现自己有多么的平庸。等到我们接受了这种平庸，剩下的时光，就只是死亡倒计时。

坐火车从大理去丽江的时候，她分了一个耳塞给我，她平时常听的，都是关于家的歌。她渴望拥有一个温暖的家，过去她以为家的意义，是那里有温暖的爱她的人。现在呢，家变成了一栋房子，一张可以歇息的床，至于身边的人爱不爱她，已经不重要，谁会在意家里的冰箱、空调、电视机爱不爱自己呢？不过是用来取悦自己的工具罢了，哪天用得不爽了，就换个新的。

在丽江我们哪儿也没有去，每天都躲在酒店里，探索对方的身体。我们放纵着肉体的欲望，饿了就疯狂地吃喝，困了就沉沉睡去。不饿不困的时候就拼命地折腾。

有时候累了又睡不着的时候，她会点上一支烟，只是看看，并不去抽，那种烟的味道叫“兰州”，会让她想起她的前男友。

有时候她会安慰我说，如果我们早一点儿遇到就好了，世界上最痛苦的事情，莫过于错的时间遇到对的人，除了割舍，没有别的办法。

她已经听从家里的安排，通过相亲认识了一个条件相符的对象，虽然没有什么共同语言，但年岁已经由不得她等了，他们已经订了婚，这次单独出来，她只是想忘掉旧爱，没想到又结新欢。

其实新欢旧爱都没有错，错的只是她没有那种可以为爱不顾一切的勇气。或者说，她也没有错，错的只是命运，让她在有勇气的时候，没有爱的人。有了爱的人，又丧失了勇气。

离开丽江的时候，我们又把座位买到了一起，或许是之前聊了太多，返程的时候我们几乎没说话，只是听歌，一人一个耳塞，像回到了校园里，像回到了初恋。

她手机里的歌听完了，就听我的。我们循环听得最多的，是周云蓬的那首《不会说话的爱情》——从此你去你的未来，从此我去我的未来，从此在彼此的梦境里虚幻地徘徊。

很多年后，我听到这首歌，就会想起我们一起坐火车的那段时光。我不知道这算不算真正的爱情，但是在那一刻，我想我们，算是同类。同样不被世俗接纳的异类。

06 无辜的树

美好的、甜蜜的、荒唐的时光都是短暂的，只有寂静和无聊是永恒的。欢愉过后，终要散去，我们在昆明住了一夜，然后各奔东西。

我需要回的地方是厦门，她需要回的地方是北京，我们记了彼此的电话，但，谁也没有打过。

她把她这些年留下来的车票全部给了我，她说她这次出来就是想挥别过去，扔掉这些的，然而自己始终狠不下心。

那些车票我至今还留着，和我年少时收藏的邮票放在一起。年少时我喜欢与人通信，所有来信的邮票都被我剪下来放在糖果罐子里。

还有一件事情，我一直没忘，就是离开丽江的时候，我买了一把锁，锁在了四方街一家客栈后面的小树上，我跟她约好了，第二年再来此地取下这把锁，不然会影响树的生长。

其实我们又怎么会在乎树的生死，我们只不过是想给自己找一个放纵的借口，想给自己找一个故地重游的理由罢了。

我后来再也没有去过大理，我想，她也没有。写这篇文章的时候，我觉得，我很对不起那棵树，如果有一天你去了大理，在四方街上看到一颗被锁住树枝的树，请一定帮我打开那把锁，钥匙就埋在那棵树下面。

不管我们爱与不爱，树，始终是无辜的。爱，也是无辜的。

07

每个男孩都要拿好你的钥匙，用来，开心。

遇上沈冰的时候，我手里已经握了太多把钥匙了，已经不知道哪一把钥匙开哪个人的心，已经不知道自己还有没有能力，为人开心。

对于无法全身心地去爱的人来说，一切都无所谓。单身还是恋爱都无所谓，和谁在一起也无所谓。上不上班也无所谓，一个人吃饭、一群人聚餐也无所谓。喝酒喝不醉也无所谓。

甚至什么时候死掉也无所谓。我不知道是不是只有我这样，是不是因为喜欢过的人都离开了才这样，是不是以后一直会这样。好像没有答案也无所谓。

我和你一样，
有时和这世界没有默契

只有在苍老以后，才觉得年少是美好的。年少的时候想要的太多，本领却太少，一身想法无计可施，一点点都不美好。

01 纸笔时代

我在BBS上留下了我的地址和邮编，期待有人写信给我。

在那个年代，互联网刚刚进入中国，笔记本电脑尚未出现，台式电脑都是奢侈品。在我生活的那个小镇上，一台电脑都没有，要上网，得去十五公里外的县城，那里有一家开业没多久的网吧，网吧里有六台电脑，六台电脑常常只有一台有人玩，一来是网费太贵，二来是大家根本不知道怎么玩。常常是一个人在电脑前聊天，后面十多个人在围观。

有很长一段时间，我就是那围观者中的一个，直到有一天，

从省城回来的表哥，教了我五笔输入法。那时候连输入法都是奢侈的，没有拼音，更没有搜狗。

背了一个月字根表，学会了输入法，学会了打字，但我依然不知道怎么跟人聊天。隔着网络，似乎可以畅所欲言，但更不知道如何说话了。于是我就留了自己的通信地址，注明了自己会回信。用电脑这种便捷的通讯工具来寻找笔友，就像拿摩托车跟别人换自行车。

但最后还真被我找到了，可能那个时代，就像清朝突然进入民国，大家已经习惯留辫子了，虽然听说了剪掉辫子生活更方便，一时半会儿却还改不了旧习惯，能通过纸笔沟通的事情，大家还是不喜欢打在对话框里。

02 远方的来信

我收到的第一封信来自宁夏，一个叫中卫的地方，蓝色的墨水，用钢笔写就的，白色的纸，像是把本来用来画画的纸裁成了信纸。

字迹很好看，好看到我有点担心对方会嫌弃我的字。好在她写的内容并不多，第一次通信，在简单地讲了自己的情况后，她赠了我一首诗，诗的全文我忘了，但诗里有四个字我一直记得——爱如捕风。

写信是一件担风险的事情，你寄出去了，不管写什么内容，只要是平信，就要做好对方收不到的准备，也要做好被坏人拆了看了扔了的准备。很多学生写信，最后都到了老师的办公桌里。

为了显得自己学识渊博，我在回信之前，用电脑查了中卫的情况。那里地处甘肃、宁夏、内蒙古三省交界处。那里有盐湖，古代很多游牧民族去那里取盐。那里还有沙漠、草原和黄河。

她只是一个高二的女生，虽然是中卫本地人，却并没有去过当地的那些景点。她还不懂事的时候就被送进了幼儿园，然后一直学习。除了学习课本里的知识，在寒暑假和周末她还要学美术、音乐和舞蹈。她现在成绩优异，画画很好，跳舞也好看，音乐方面更是厉害，钢琴、小提琴、口琴都能来，但她并不快乐。如果硬要说掌握这些知识有什么好处的话，那就是她的选择面更广了，她可以从事很多行业，让自己不至于饿死。

她给我写信，给什么都不会，退学在家的我写信，是因为她跟我一样无助、寂寞。她掌握的那些本领，并不能解决她的情绪问题。我羡慕她拥有无数种技能，她羡慕我自由自在，可以做主自己的人生。

03 十年之后

除了中卫的女孩之外，还有张家口、开封、唐山、徐州、重庆、乐山、绵阳等全国各地的女孩子写信来，但随着时间的变化，要么突然我不想回信了，要么对方突然不想写了，最后也就中断了联系。只有中卫这个女孩，一直从高中写到大学毕业，直到她结婚生子，才停止写信。

我写这篇文章的时候，她已经离婚了，独自带着一个刚上幼儿园的儿子。我们也有四五年没有通信了，会再联系，是因为我去了一趟中卫。

一个人，冬天，景点都停止售票了，我租了辆出租车，司机帮我求景区的门卫大爷开了门，我们才得以在草原上驰骋。

我去看了后来她读大学时在信中跟我说的盐湖和沙漠，因为天气冷，没能去黄河里坐羊皮筏子。

她读大学时在银川，我那时候已经离开家，四处漂泊，只有过年的时候才回去一次，每次回去，最让我期待的就是她一年里写给我的信。

我们讨论人生，讨论爱情，讨论梦想和旅行，更多的时候，我们分享彼此阅读和经历后的感悟。那种感情很纯粹，纯粹到你不忍心去打碎。纯粹到你害怕见光死。

04 迟到的相遇

我过去把她想象得非常非常美好，一个什么都会的女孩子，这么多才多艺，我断然是配不上的，她应该拥有更美好的人生。

可惜，或许上天公平的地方就在于，让你足够美貌足够优秀的同时，让你的人生充满不幸和挫折。

她离婚后，我才觉得，可能，我们见面了，她不会嫌弃我。长达十二年的笔友之情，甚至不仅如此，我们曾经在信里承诺彼此，如果到了三十五岁还没有找到心上人，可以考虑跟对方结婚。

我幻想过很多次我们见面的情景，那时候我们都只有十几岁，我们虽然一无所有，却无所畏惧，我们觉得未来是属于我们的。

等未来真的来了，我们才发现，彼此的渺小和平庸。

中卫是个很小的城市，我们约在电影院，一起看了一场看完就会忘记的电影。看完电影我本来还想可以找个地方吃顿饭聊聊天，可惜，她的小孩放学了，她要去幼儿园接孩子。

人生就是这么残酷，我可以不结婚，却无法阻止我年少时的伙伴生孩子。

05 她最美好的年华里，我没有见过她

我们相见的时候，我正喜欢听万晓利，我最喜欢的是《狐狸》，但分享给她的是《陀螺》，因为我觉得她的人生，就像是陀螺。

“在沉默里转，在孤独里转，在燃烧着的生命里转。在酒杯里转，在噩梦里转，在你已衰老的容颜里转。在阳光灿烂的一天，你用手捂着你的脸，对我说你很疲倦。你扔下手中的道具，开始咒骂这场游戏，说你一直想放弃，但不能停止转……”

在见面之前，我们在信里给彼此分享过太多东西了，我们以为我们要是见了面，更会无话不谈，结果，竟然是相对无言。

我不知道她有没有恨我，不早点出现，也许能挽救她失

败的婚姻。她最美好的年华里，我没有见过她。我们现在所做的一切，不过是对彼此的补偿罢了。

临走时我去见了她的女儿，很可爱的一个姑娘，长大了肯定会像她一样多才多艺，但我希望，她长大了，不要像妈妈一样，稀里糊涂，就虚掷了一生。

中卫的天气很好，如果我们正青春年少，这时候漫步在大街上，会是无比美好的事情。可惜我们都不年轻了，我有我的心事，她有她的负担。我们谁也不能给谁承诺，谁也无法阻止谁向前。

爱情不会
让你占尽便宜

01 爱是飞蛾扑火

过去我讨厌抽烟的女子，觉得抽烟的女子都是坏人，但是看到她抽烟，我才发现女人抽烟也可以抽得那么迷人。过去我讨厌说脏话的人，但是听到她爆粗口的时候，我莫名地觉得好可爱。

可能喜欢上一个人，就会失去原则，陷入了爱情，就身不由己。有时候一觉醒来，我会嫌弃镜子中的自己，劝自己不要花痴了，你已经是个成年男人了，不知道儿女情长英雄气短吗？可是一遇到她，所有的警戒都自动解除了。只想安静地看着她，听她说话，看她做所有的事情，都是那么美好。

这是爱情吗？这恐怕只是单恋。但我想这应该是爱情，而且是无比纯粹的爱情。我并不敢奢望拥有她的爱，但为了她，我可以献出我的一切。

02

她一直说自己是没有什么人情味的一个人，我们在一起三年，她自始至终都觉得我像她的亲人，深深依赖，无法割舍，但却无法像我一样拥有那种爱得痴狂的感觉。

第一次遇见她，是在周末的公交车上，人很少，我坐在最后一排靠窗的位置上，浏览长沙这座我待了两年却没怎么逛过的城市。

她在侯家塘站上了车，我曾经从出租车上看到过这附近有一个巨大的摩天轮，但我从未走近过。有时候听朋友说这里有个贺龙体育馆，很多明星来长沙开演唱会都是在这里，类似北京的工人体育馆。

我不知道她是不是刚刚看过一场演唱会，她的神情很疲惫，戴着耳机，却感觉并没有在听歌。眼睛像我一样看着窗外，却看不出窗外有什么吸引她的景色。

她只坐了三站就下了车，我却牢牢地记住了她，她不像是这个时代的女生，没有浓妆艳抹，也没有夸张的发型或穿着，但她却是那么的夺目。像天然的翡翠，像九十年代的港台明星，比如王祖贤、林青霞、赵雅芝。

也许是为了遇见她，在之后的周末晚上，我睡不着觉的时候，总是会坐上那班公交车，晃悠到终点，再打车回去。于是一个月后，我又见到了她。只是这次不是在公交车上，而是在路旁。

她站在路口，好像是在等人，公交车等红绿灯的时候，她从风衣口袋里拿出了一包烟，抽出一支点上，动作很娴熟。我看着她把烟抽了一半，然后车开了。

第三次见到她，和第一次见她整整隔了半年，我的失眠症依旧没有好，从公交终点站打车回去的时候，我再一次看到她站在路旁，身边一个留长辫子的男人挽着她的腰，男人也很美，他们在一起很般配，但我却有种心爱的东西被打碎的感觉。从那以后，我依然会在夜里坐最后一班公交在这个城市晃荡，但我再也没有去过遇到她的那条路。

03

缘分是很奇妙的东西。大约过了半年，公司新进了一批同事，领导让我去做企业文化方面的培训，我又见到了她。

比起初见的时候，她清瘦了不少，后来成为同事，有机会一起吃饭了，也便知道她失恋了。为了避免和男友见面，她离开了过去的行业。

我觉得缘分既然安排我们一次又一次的遇见，我应该珍惜，就跟她表白了心迹。我原本是抱着被拒绝的态度的，没想到她竟然毫不犹豫地答应了。

成年人的恋爱，进度总是很快，我们都到了被催婚的年纪，在一起的第二周，她就搬过来跟我住了，想试试朝夕相处之下是否合拍，如果真合拍，结婚也无妨。

然后我就见到了一天一包烟的她，说脏话的她，爱嘟嘴耍小性子的她，以及跟我一样会失眠的她。我过去的女朋友看到我失眠了，都是带我去看医生，给我吃各种药，只有她，可以陪我一起失眠。

我们一起坐夜班公交车，在车上也不说话，她靠在我怀里，我们听着同一首歌，公交车就好像一个摇篮，有时候摇着摇着，睡意就来了。

在一起的那段时光，我们与其说是恩爱的情侣，不如说是志趣相投的伙伴，我们什么话都可以聊，比如她的前男友的手指，我的前女友的美人痣，我们不会吃醋也不会嫉妒。我们可能都觉得，能够拥有对方，已经是最美好的事情，再渴望其他的，都是奢求。

她会把家里收拾得一尘不染，心情好就做各种糕点来吃，在面粉里放上黄油、巧克力和一些坚果，做出来的点心几乎成了我的零食，也因为此，和她在一起的三年，我胖了整整二十斤。精神上的放松和肉体上的享受，让人就像泡在温泉里。

04

如果说热恋是一支麻醉剂，失恋就是一碗醒酒汤。和女朋友在一起三年后，我们终于分手了，这与其说是突如其来，不如说是命中注定。

导致我们分手的，是微信和 QQ。女朋友和我在一起的时候，从来不用手机。我们恨不得把所有的时间都给对方，但我们毕竟不是为了对方才出生的，不是为了对方才存在的，我们还是有很多的时间不在一起。

女朋友是女神级别的女生，从小到大不管在小学、中学还是大学，都是校花，三百六十度无死角，追她的人一直很多。

但我一直觉得，追她的人再多，她爱的始终是我，只会是我，只有我能让她心无杂念，只有我最适合她。

直到有一天，我看了她的手机。

可能再光芒四射的人，内心都有孤独的时候，都有没有安全感的时候。女友和我在一起，百分百拥有我，却还是担心我们有一天会分手。

于是就有了备胎。备胎先生备得很专业，他知道我的存在，知道我和女友很恩爱，但他还是爱得不离不弃，换我是女友可能我也会感动。

女友没有否认备胎的存在，当我看到手机频繁响起的时候，在一起三年，第一次打开了她的手机，密码是我的生日，她对我绝对放心。在她看来，备胎先生更像是闺蜜。所以我们打算结婚的消息，她在第一时间告诉了备胎先生。

可能女神结婚是备胎先生的底线，只要不结婚，恋爱多少次备胎都能接受，但结了婚，备胎先生就无法说服自己安心地做一个备胎了，也正是这样，备胎先生崩溃了。各种哭诉哀求，女友用了半天时间，才安抚住他，然后又开始安抚我。

我无法接受备胎先生比我更早认识女友，无法接受他们长达多年的聊天记录。我想如果我们不准备结婚，我们的生活中会一直存在这么一个我不知道的人。

05

有多少情侣可以百分百坦诚地面对对方呢，可能我们的百分之百，都是我们的自以为是。因为备胎先生的存在，我开始怀疑人生，怀疑爱情。可能我永远也遇不到一个百分百爱我的人，可能世界上根本就不存在百分百爱我的人。

这世上没有谁是为另个人而诞生的，没有谁是为了让另一个人开心而存在的，可能只有一时，总不会有永恒。就像我和女友也在一起了三年多，我们足够爱对方，却还是要分手。

我审视自己，曾经也和很多人暧昧，可是遇到女友后，我就断了和所有人的联系。而女友并没有，我想这可以说明，她没有我爱她那么多，她不能为了我牺牲一切，或者她觉得，没有必要因为某个人的出现，而改变自己习惯了的生活。

我们分手后，女友有很长一段时间走不出来，我也一样。到现在，我觉得我还爱着她，我觉得我当初跟她分手，可能是错的。毕竟她跟备胎先生，当时并没有发生什么了不得的事情。一切只是备胎先生的一厢情愿罢了，只是女友习惯了这个备胎的存在，不想失去这个精神依靠罢了。备胎先生对于女友来说，与其说是一个人，不如说是一个陪伴多年的布娃娃，只是备胎先生不甘心做一个布娃娃。

后来的后来，备胎先生和女友结婚了。可能对于女友来说，再也遇不到让她心动的人了，总不能一直不嫁，等着等着也就厌倦了。

但是对于备胎先生来说，备胎多年，一下子有点适应不了转正后的生活。推倒女神后，他才发现自己委屈多年的付出似乎并不值得。于是闪婚闪离，女友以为分手了，备胎先生会继续做备胎，结果备胎先生离婚后，很快有了新的女神。

很难评价备胎先生的是非对错，可能站在他的角度，又是另外一个故事。如果只从我的角度看的话，因为他的存在，很多事情再也回不到过去的样子了。

爱，最终变成无奈，和岁月递增有关，和热情消退也有关。

第三辑 那些煎熬与彷徨，谁都会有

你若不做出努力和改变，时间不会给你你想要的答案，更不会帮你留住对的那个人，时间只会带走你所有的机会，让你无路可退，无人可选，只剩下愿赌服输和各安天命。

忽然就
觉得寂寞了

最近每次蓉儿打电话来，都要抱怨天气或者学习。有时候食堂打饭的师傅和女生宿舍楼的楼长也要遭殃。一般她打电话的时候都是晚上。我喜欢把外婆结婚时陪嫁过来的那把坐上去会吱吱呀呀响的摇椅拖到阳台上，铺上厚厚的海绵垫子，懒散的身子放上去，感觉仿佛躺在妈妈的怀抱里。

夜不是很凉，望着遥远神秘的夜空，听着蓉儿孩子气的声音。我试着想象千里之外的她的生活到底有多糟糕。我说，别灰心，我们比非洲难民或那些生活在战争里的人幸福多了。这时候蓉儿就叹气，说，你不会明白的。我只好沉默。我知道她只是想倾诉一下而已。我们只不过是好朋友。

我们每次通话都不会超过十分钟，这十分钟里又有一半的时间相对无言。她用的是楼道里的 IC 卡电话，我可以清楚地听见她的同学在楼道里说说笑笑。偶尔一声清脆的少女独有的干净爽朗的笑声，会让我嘴角不自觉地上扬。可是这些蓉儿却感受不到。她只是觉得吵，她听得太多了，只觉得烦躁。她说她喜欢教堂里悠扬的钟声，或者是一个人光着脚踩在木质地板上的声音。再或者是和心爱的人穿着松糕鞋踩在积雪上的声音。

我没有见过雪，但是每天我都一个人光着脚在这栋木质小楼里走来走去爬上爬下。在水泥建造的高楼大厦之间，这栋小楼显得羸弱不堪。在政府把小楼划为文物之前，每天都有房地产商来纠缠。那些唯利是图的嘴脸让人厌倦。可是房子每年的修缮都需要一大笔钱。那些日子我奔走于各个单位之间，他们虽然相互推诿，最终还是给了老房子名分。我对蓉儿说，只要坚持自己的信念，总有如愿的那一天。

我最讨厌旅行的人结团来，大呼小叫的，每次他们来我都故意抬高门票。而经济不紧张的时候，我免费让那些单身旅行的人参观我的小楼。我给他讲述发生在这栋小楼的故事。就像小时候外婆把我放在膝盖上跟我讲述的那样。我亲手给他煮茶，然后请求他们讲讲自己的故事。我的故事是重复的，他们的故事一直新鲜。临走，我把自己捏的泥娃娃送给他们，祝福他们平安。

我不喜欢有人给小楼拍照。那些人寄来的刊有小楼照片的杂志都被我丢进结满蛛网的放有外婆和妈妈遗照的房间里。那房间平时一直锁着，我很少进去，那里有太多发黄的老照片，看了让人伤感。我常想有一天，在我老了以后，这座虽有古典建筑但没有古朴味道的城市，会因为地震，或者一场突如其来的风沙，而深埋于地下。几千年后，那些考古学家发现我和我的小楼的时候，为了让他们多一些线索，我想我该留下一些文字。只是不晓得这些字，他们是否能看懂。

蓉儿是通过杂志认识的我，不知道是哪个多事的游客趁我不注意，拍了我一个侧影，还为我和小楼写了一篇文章。蓉儿说她看到照片上面色惨白的少年，就找杂志社联系作者，搞到我的地址给我写信。她将满心的憧憬融化在稚嫩的笔迹里，嘱咐我要多晒太阳。我嘴角挂着浅笑给她回信，告诉她我的大床就放在窗边，每天早上拉开窗帘，阳光就可以洒满我的身上床上。

政府为了方便旅行社联系我，给小楼装了电话，可惜只能接不能打。除了空想。大部分时间被我用来晒着太阳，看从图书馆借来的书。偶尔心血来潮了就捏几个泥娃娃。每次都情不自禁地要捏出一男一女。蓉儿说，我的行为潜意识里是想有个人陪伴。可是谁会去管一个孤儿呢？妈妈说我的生命线很长，爱情线很短，注定了要一辈子孤单。夏天的时候我喜欢在桌上铺一张白纸，想象着蓉儿的模样在纸上涂涂描描。常不自觉地要给她的背上添上翅膀，痴想着她会突然飞到我身旁。

蓉儿偶尔会寄一些 CD 过来，我不敢告诉她我早把她送的我 CD 机摔烂了。那天她告诉我她爱上同校的一个男生的时候，我甚至想把电话线掐断。虽然一直没有承诺，可我还是期望有一天能和蓉儿背靠着背坐在地板上听音乐。一辈子的朋友也好，只是为何要再多出一个人。她告诉我过完这个冬天就带着她的他来这里看我，看我的小楼。

我懒散地靠在门上，看蔚蓝的天，想起小时候外婆抱着我坐在门槛上唱的那首童谣：

黑黑的天空低垂 / 亮亮的繁星相随 / 虫儿飞虫儿飞 / 你在思念谁 / 天上的星星流泪 / 地上的玫瑰枯萎 / 冷风吹冷风吹 / 只要有你陪 / 虫儿飞花儿睡 / 一双又一对才美 / 不怕天黑只怕心碎 / 不管累不累 / 也不管东南西北

没有撞墙期，人生不好玩

世界上有两种人，一种是不撞南墙不回头，一种是撞了也不回头，我想我属于后者。

我十四岁那一年，看到了韩寒的《三重门》《零下一度》。看到他退学了也可以如此成功，于是我也退学了，因为课堂上老师讲的那些东西太无趣了，我想追求有趣的生活。于是我走出校园，然后无数南墙竖立在我面前。

首先是父母这堵墙。他们问我退学干什么？我说我也不知道，先退了再说，因为实在无法忍受学校里乱起八糟的规则。父母说社会上的规则更变态，以后你就知道了。我当时不以为然，整颗心都扑在追求有趣的生活这个想法上。我到火车站买车票，那时候还没有实名制，不需要身份证，我可以到处跑。跑了一年，我觉得做一个歌手比较有意思，就回到离家不远的地方，找了一个艺术学校学唱歌。

然后是老师这堵墙。老师说我嗓子不行，唱歌没前途，还是学器乐吧。我说崔健那破嗓子都行，我怎么不行。老师不像父母那么纵容我，直接说你不想学就滚蛋，于是我开始学吉他。学了一年，老师说你没有乐感，还是学打鼓吧，我想抗议，但是想到不学要滚蛋，就开始学打鼓。打鼓学了半年，老师说你没有节奏感，要不还是学贝斯吧。我没有学贝斯，我对老师说，你直接告诉我不适合干这行就好了嘛。老师说，直接说怕伤你自尊，而且你也不是没交学费。然后我就离开学校开始漂泊。

最后是社会这堵墙。先是到了北京，借宿在朋友的地下室，跟着一些写小说的朋友写小说，后来又到张家口、西安、武汉、长沙、上海、南宁等地方，服务生、保安、导购什么都做，目的只是活下去，因为不知道做什么好，只能是先活下去再说。有时候穷到两天吃一个烧饼，喝自来水。有时候也住五星级酒店泡养生温泉。彻底体验了人生冷暖之后我开始认真写小说，说实在的我不喜欢写小说，写的小说也不怎么样，但周围认识的朋友都是干这个的，而且只有写小说不需要本钱，于是我就不断地写。

因为有了之前学音乐的经验，这次不管别人对我说什么我都不改，我想写什么就写什么，写了两年，只发表了一篇文章。这时候我已经十九岁了，坚持了两年的写作，终于有了一些改观，我开始在当时最牛逼的青春杂志《萌芽》发表文章，随后又拿了新概念作文大赛的奖。接着开始写长篇，写出来投给路金波，第二天就接到他的电话说要签我，虽然最终因为我的天真幼稚没签成，但从此写作之路开始畅通无阻。

二十岁的时候我到了四川，那时候短篇稿费千字一百，杂志五块一本。面条三块五一碗，火锅锅底十块，靠稿费我可以生活得很幸福，偶尔还能去远方溜达一两个月。这样的生活过了五年，我写了五本长篇，每年出版一本，一直没有大红，也一直没有淹没在众多的作者之中。

但这时候我已经二十五岁了，大本营依然安在成都，这时候面条已经涨到十块钱一碗，火锅锅底最低都要五十块了，而短篇稿费依旧千字一百，杂志依旧卖五块一本。物价疯涨稿费不涨，我的生活开始不那么幸福了。

为了生活不那么捉襟见肘，我开始找工作，去了很多公司，都因为我没有文凭而拒绝了我。没奈何，我只好离开成都，到长沙找熟悉的我写过文的公司上班，因为生活的困顿，我性情也变化了不少，再加上异地，相恋四年的女朋友也跟我分了手。到长沙一年，瘦了三十斤。白天在文化公司做杂志、图书编辑，晚上依旧写小说。第六本书、第七本书也按时出版，工资越涨越多，生活越来越稳定，再没有人对我说不，也没有撞不破的南墙了，我的心情也因此越来越沉重。

我开始不断地回忆过去，回忆自己一路走来这十二年，是对是错，勇敢地追求自己想要的东西，并且得到了不少，从这一点来看是我对的。但如果在第一次撞南墙的时候我就回头，我的人生会怎样？听从父母的安排，我会读完高中、大学甚至研究生，听从老师的安排再学几年在乐队会有一份工作，顺应社会潮流也行可以赚到很多钱。但这似乎都不是我想要的，我只是不想听从任何人。

到二十六岁这一年，终于没人再约束我，我可以自由选择自己的人生了，这时候我发现我不那么想去漂泊了，环游世界也好，成为畅销书作者也好，都不再是我渴望想追求的了，我变得慵懒，打游戏、打麻将消磨时光，南墙不再主动寻找我，我开始主动寻找南墙，我知道我提前老了。这时候我非常怀念那些生活中充满了南墙的日子，充满了一群人对我说不的日子。

不断去撞墙，永不妥协，头破血流的那一刻，南墙也会破碎。然后再去撞新的墙，活得像个战士，像个斗士，像个演员，没有掌声。这样的生活，才是年轻人该有的生活。我不知道未来会如何，再过七十年，我会不会写七十年，出七十本书。但我知道，只要有南墙，有压迫，我就会去拼死反抗，只有这样，才能证明，我还没有老去。

回忆这十二年，我唯一后悔的就是对老师的妥协，如果我坚持自己，坚持学唱歌，十二年过去，也许不能成为罗大佑，但保不齐能成为曾轶可。所以如果你也年轻，也面临着坚持自我还是听从他人安排的时刻，一定不要妥协。

人在不同阶段
就要尝试不同事情

一个美若王语嫣的女生在我面前叹了口气，说道："人类啊，不过都是一堆肉而已，真没必要计较表象，再怎么好看最后都会死掉，腐烂变成一堆白骨。"

我看着她柔滑细嫩的脸，想起早上吃的煮鸡蛋和泡椒猪皮，不自觉地就吞了下口水。人类的确都是一堆肉，但肉也是有区别的。有的肉盛在精美的盘子里带着诱人的香味，单是看看就让人情不自禁，有的肉刚洗好没下锅就掉在了地上，运气差点的话，还会被踩上一脚。

我的好朋友林晓就是那块儿被踩过的肉，因为他不仅长得不好看，嘴巴还特别臭，一天不吐槽别人，就浑身不自在。

林晓知道我工作之余还写小说，而且还出版了。没事就跑来找我要书看，看了也不还。不还也就罢了，还常常吐槽说某篇文章写得太雷，某篇写得太肉麻。

萝卜白菜各有所爱，一本书里收录几十篇文章，好看的他不说，偏挑他看着不过瘾的。我有时候气不过跟他辩解，说你讨厌的说不定正是你喜欢的女生喜欢的。

林晓喜欢的女生就是那个美若王语嫣的姑娘，之所以没拿宋慧乔做比喻，是因为这姑娘叫王羽。她也看我的书，但喜欢什么风格，她从来不跟我说，不过冲她的性格，不说我也能猜到。

如果说女人都是水做的，那王羽一定是洪水做的，因为她动不动就哭。看到死人、死动物哭也就罢了，看到落花也哭，下雨也哭。风一吹如果有点冷，也能勾起她断肠的回忆来，又是一阵啼哭。宅男废纸，宅女费电，哭鼻子最浪费纸巾，所以王羽是废纸又费电。因为她性格如此，所以即便貌美如花，我也喜欢不起来。只有林晓对王羽情有独钟，不管王羽在哪儿哭，他都能第一时间赶去送纸。

当然这是恋爱中的林晓，在爱上王羽之前，林晓还是很臭屁的。尤其是童年时代，他那时候坚信整个世界都是为他准备的。他的爸爸将他放在脖子上，他就变成了周围最高的人。

随着年龄的增长，林晓渐渐发现，他只不过是一个花匠的儿子。在这个“人靠衣装，佛靠金装”的花花世界里，花匠的儿子，算不上是上等人，更不可能让整个世界为他准备着。

于是他跟着他爸爸一起卖花。

卖花和种花不同，种花的时候，只是和空气、土壤、阳光、花籽打交道，种花的时候，他还能体会到掌控一切的乐趣。

而卖花的时候，是和人打交道，林晓的爸爸变成了卖花的小贩，林晓就是小小贩。他们连固定的店面也没有，只有一辆人力三轮车，林晓坐在一侧，他爸爸踩着，上面驮满了五颜六色的花花草草。

小时候林晓很崇拜他的爸爸，因为他的爸爸居然可以培育出那么多漂亮的花。长大了开始卖花了他才发现，这种本领并没有多大用处。会种花尚且不如会卖花。

我经常买林晓的花，后来我们就成了好朋友，打死我也不会承认跟他交朋友的目的是以后再也不用买花了，看上了直接拿就好了。他也不会承认跟我交朋友是为了免费的书，以及住我楼下的王羽。

除了送纸之外，林晓送王羽最多的就是花了。多到有很多花儿我都叫不出名字来，多到王羽家里摆不下，只能再转送给我。

每次林晓看到他送王羽的花在我的房间里，就会撇撇嘴，说我不懂拒绝。要想拥有，得先学会拒绝，林晓一张嘴就是一堂课。

而我，根本不想拥有，干吗要拒绝。

比起花的美艳，我更喜欢的是花的味道。闭上眼睛，用力呼吸一口，所有的芳香甘甜就全进入了身体里，这时候再去写小说，就能写出一百种味道来。

林晓跟我上完人生大课，就开始跟我聊童年。他的童年是在花的海洋里度过的，的确幸福，但聊上一百遍，再幸福也会让人厌烦。

我常常是听着听着就困了，然后起身去洗澡，洗完澡出来，林晓还在大声说。看着他沉醉入迷的样子，我感觉再过八百年，王羽也不会喜欢他。

一个人会不会喜欢另一个，常常在第一时间就会有反应。后来的一切，不过是加强这种反应罢了。

而王羽对林晓，差不多就像我对王羽，即便朝夕相处，也是湿柴禾对烈火，冒的烟都要把人熏死了，也出不来一点儿火。

不过可以感受到，王羽很享受被林晓这个傻货热烈喜欢的感觉，因为我也是。在选择这个地方隐居之前，我喜欢一个人，不喜欢一个人，都会明确地告诉她。这样不浪费大家的时间。

而到了这个地方之后，我发现浪费也是一种美好的存在。大家都在这里浪费生命，如果我太节约了，反而显得格格不入了。

人生在不同的阶段，就要尝试不同的事情。我十几岁的时候，东奔西走，只为看一看远方的落日。当发现远方的落日并没有什么不同，我就已经到了二十多岁，这时候吸引我的只有爱情。

当我发现爱情也没有什么稀奇的时候，我的青春期已经彻底过去了，剩下的生命似乎只适合隐居，隐居在这个小小的地方，细细地品味余下的人生。因为过去的人生过得太匆忙了，都还没有好好感受，就已经永远错失。

所以到了这个地方之后，我每天感受呼吸的味道，感受起床时被窝的味道，感受阳光透过窗户打在我身上的味道，感受雨过天晴小鸟从窗外飞过时留下的味道。

一天之中，只要你放慢心态，就至少可以感受到一百种味道。而这一百种味道叠加到一起，就是幸福的味道。

素质与学历无关

每到大学毕业时，那些在学校学傻了的，无法融入社会的，逃避感情创伤的人，都会选择一条看似光明正大的路——出国深造或者考研。

其实在高考完了之后每个学生就应该明白，上学不等于学习，受教育不等于能进步。不然每年出那么多高考状元，未必每个都成为社会精英?

我二十岁的时候，有一个家在江浙地区的白富美女朋友。众所周知，江浙地区是国内最富饶的地区，他们那里除了可以包邮之外，还特别爱出国。

可能是钱太多没地方花，也可能是怕邻居家的孩子都出国深造了自己不出去太没面子，总之一进入高中，就开始有不少学生家长让孩子考托福雅思了。我的白富美女朋友不幸就是其中之一，谈恋爱的时候我就跟她说了，你要是出国咱们就分手，我不能忍受隔着太平洋的爱情，虽然寒暑假也能见面，但太多的时间不在一起，我们的隔阂会越来越多的。

白富美女朋友舍不得放弃爱情，但更舍不得放弃亲情。她爸爸非常希望她出国，她不出去会让他爸爸很伤心，所以最后她还是出去了。分手的时候我说，你这辈子，可能再也遇不到比我更优秀的人了，不信你可以去全世界找找看。一句气话而已，没想到一语成谶。

白富美先是在宾夕法尼亚读完了高中，后来又去芝加哥读完了大学，到现在为止过去八年了，她还在国外。她倒是学会了不少门语言，也考到了不少学位，但情商和智商都没有提高多少。三年前我们联系过一次，原因是她失恋了，问我有没有什么报复前任的妙招。我痛斥了她一顿，说以前你心地没这么坏的，现在怎么总想着报复，你在国外就学的这个吗？她不以为然，说她在国外交的男朋友太坏了，不报复下实在怨气难消。我说那你可以四处走走散散心，然后她就去考了潜水证，没事在海底沉思沉思，在海底待腻了就去北极、南极看看熊和企鹅。

这种钱太多没地方花的人出国深造倒是情有可原，反正闲着也是闲着，不出国深造指不定在国内惹出什么事儿呢。还有一种人，家里没钱也要出国，我二十四岁时的女朋友就是这样，差不多是靠借亲戚家的钱读完了大学，虽然自己很争气，大学期间一直拿奖学金，也通过自己的努力赚了些钱，但赚了钱之后没想着回报家里，一股脑全用在出国留学上了。用她的话说，年轻就是要多出去走走，多长长见识。可惜她出国到现在也四年了，见识倒是长了，但并没有长什么本事。

总扒前任也不太好，还是说说身边的朋友吧。我好朋友中唯一一个读完博士的女生，现在在家带孩子，她觉得女生考个好学历主要是能找个好对象，本来也不指望靠学历给自己带来别的什么，所以现在找到好对象了，学历什么的就可以丢一边去了。

还有我读完了研究生的姐姐，到现在遇到什么人生问题还要我这个初中都没读完的弟弟拿主意，可能是学习占用了她太多时间，在人生、在社会方面她几乎像个孩子一样把一切想得无比简单。

最后再说一个同行，我早上看到她跟她的责编在微博对骂，互相说对方是人渣。她是香港中文大学的高才生，拿了很多证，马上还要去美国深造，结果连基本的人际关系都处理不好，书没面世呢先跟出版方决裂了，这种人就算是拿遍全世界各领域的博士证书又能怎么样呢。

深造并不能改变生活，反而可能会把生活变得更糟糕。人生很短，某些阶段是给自己充电，某些阶段是放电——释放能量也可以说是回报。过了充电的阶段，就该审视下自己的人生，调整下自己的心态，不然一味地充电不知道放电，电池会烧坏，人生也会用完。

而想成为更好的自己，首先就要摈弃那个自私自利的自己，光想着自己深造而不顾身边人感受的人，大都是自私鬼。每年那么多凤凰男抛妻弃子的新闻，大都是因自私鬼的深造而起。毕竟成功的人生不是成为多么厉害的人，而是不管优秀平凡，都能保持一颗勇敢豁达助人为乐的心。心中有爱，即便是口不能言、耳不能听之人，也会受人爱戴。心中无爱，即使深造成三头六臂、七十二般变化，也不过是给世间添乱罢了。

我们终将去那里

很久之前，朋友说到亲人去世的话题，总是说，我们终将去那里。

而在我的世界里，“那里”是一个很模糊的概念。面对失去亲人这种问题，我只能自欺欺人地说，要相信失去的亲人去了更好的地方，起码比我们现在生活的地方要好。而具体有多好，我没想过，也不愿意去想。

第一次失去亲人时我十五岁，心里并没有痛苦的感觉。现在回想起来，之所以没有觉得痛苦，大概是因为大多数的亲人，都不是我在乎的人。说起来我蛮自私的，出生在一个很大的家族里，在乎的人一只手就可以数得过来。我曾经为此而感到羞愧，觉得自己思想可能有问题，太薄情。后来仔细想这个问题，又觉得真诚地承认自己不在乎大部分亲人，比假惺惺地纯粹为了维持某种关系或礼节而委屈自己讨好那些平日里完全没有交集的亲人强多了。

虽然这样可能会被长辈骂不懂事或者不会做人。可是会做人，懂事，一直都不是我喜欢过的生活方式，所以也就一直这样我行我素过来了。

关于假惺惺，还是第一次失去亲人时感触最深。那是我的爷爷，至亲的葬礼，我不可能不参加。但我没有哭，看着披麻戴孝的众多亲人在痛哭的时候，我甚至觉得有些恶心。我很清楚不管是在火葬场还是墓地，真为爷爷的离开而伤心的不足五人。那么其他人在哭什么呢？是哭给活人看的，还是在哭一种气氛？后来我想，大概葬礼上的哭泣，大都是哭给活人看的，真正伤心的人，在那种情景下，恐怕已经悲痛到哭不出来。

那是我第一次觉得人性很奇怪，也是第一次意识到从众心理的可怕。明明不是自己想做的事情，却那么多人在做。而且你还不能去指责什么，不但如此，不落泪的我当时倒怕被人指责。还好一直也没人注意我，或者说即便注意到我没哭，也没人愿意为一个死去的人得罪一个活着的人。

其实关于这种虚伪俗套的礼节，在爷爷病倒的时候，亲人们就已经演绎过了。爷爷在病床上躺了一年，那时候不懂什么是久病床前无孝子，只觉得自己至亲至近的人快不行了，自己只有尽心尽力去照顾好，让他尽可能舒服地走完最后的路。所以在亲戚们都说太忙没工夫来探望照顾的时候，我就说没事的有我呢，直到爷爷去世我才明白他们所谓的忙碌都是借口。

因为爷爷生病时翻个身很困难，吃喝拉撒都要靠人帮忙，每天晚上睡觉前我要绑根绳子在手腕上，绳子的另一头放在爷爷的枕头下，方便他半夜起来时唤醒我。因为病重，爷爷每天晚上要起来六七次。也正是这种夜里频繁被唤醒的煎熬让所有的亲人都远离他的床头，最后只剩下我和奶奶。

我记得奶奶在那段时间也没有哭，或者说没有在人前哭。奶奶说人前的哭泣大都是一种表演，只有背后悄悄流泪才是真伤心。爷爷去世后的那段时间，我和奶奶只是变得沉默寡言了，我们照顾了近一年的亲人突然不在了，就像一种习惯被迫改掉，空虚和不适应都是难免的。事后很多年，我都还会梦见爷爷在呼唤我，梦见胳膊上绑着绳子被爷爷扯动。可惜醒来眼前已经没有那个人了。

爷爷患病和去世的那一年，我莽撞直冲的性格收敛了很多。看着昔日说一不二，威严甚至强横的爷爷突然倒下，吃喝拉撒都需要人照顾，我觉得面对无常的人生，没必要去计较什么，顺其自然就好了。

特别是在火葬场的时候，看着一个完整的人推进去再出来就变成了一小盒灰烬，我莫名的就有了出去闯荡的勇气。我想人生在世，反正最后都是要死的，多少曾经叱诧风云的人，最后不过变成了别人饭桌上的笑谈，甚至连笑谈都没有，就像从来没有来到过这个世上。既然如此，何不在还活着的时候去做点自己真正想做的事情呢。

我脱离家庭独立生活也正是在那一年，一晃这么久过去了，大部分梦想早已实现，唯一的遗憾是这些年没有抽出多少时间回老家陪伴奶奶。

爷爷的去世让我意识到，有些感情是会随着人的消失永远失去的。子欲养而亲不待的痛苦，我虽然没体会到，我的姑姑、我的爸爸是体会到了的，终究有一天，我也会体会到。所以后来在失去亲人的时候，我也都没哭，因为我知道失去的亲人也不希望我哭，他们会希望我节制哀伤，养好身体。我想念他们的时候，就看一看天空，奶奶说离开的亲人都会在天上。

离开的人离开了，活着的人还要好好活着。珍惜眼前人不是一句空话，有时间的时候，还是要多陪陪你在乎的活着的人。现在我每个月定时给妈妈钱让她买她喜欢的东西，定时跟她打电话聊天，定时陪她去游玩，都是因为我知道，有一天这些事情再也做不了了。

死亡是无法战胜的东西，而生前的陪伴，可以让死亡变得不那么可怕。毕竟，我们终将去那里。

别太不骄傲，
也别太骄傲

虽然有的人天生热爱独处，但对于大多数人来说，年轻的时候拥有一个美貌的对象，还是一件颇令人心花怒放的事情。

我在二十五岁的时候，不幸地就拥有过这么一个对象。说是不幸，除了拥有后最终还是失去了之外，还有一个原因就是，美貌的对象并不是时时刻刻都能让你心花怒放。

换句话说，得到又失去的美好不如从未得到，看上去很幸福的情侣私下里也有争吵冷战的时候。

记得有一段时间我运气好，赚了很多很多的钱，于是我就信心满满地对她说，等你毕业了不用去工作，我养你。

我想很多女生听到这样的话都会感到很幸福吧，拥有一个优秀上进又疼爱自己的男朋友是多么幸福的一件事啊。

可是我那美貌且骄傲的女友非但没有感到幸福，反而觉得自己受到了侮辱——对能力、对自我的侮辱。

“我找不到工作吗？我的工作赚不到钱吗？我需要你养吗？你是不是看不起我啊？”女友这样反问我。

“我不是这个意思，我只是怕你累着，现在社会上坏人又那么多，而且不管做什么工作，总是要看人脸色的吧，在家多自由。”我的解释有越描越黑的倾向，我本来只是一番好意，想着万一她不喜欢工作了，还有个退路、有个家、有个依靠，结果一解释就变成了我希望她做个家庭主妇了。

骄傲的女友彻底改变了我的爱情观，过去我觉得喜欢一个人，就要无条件地对她好，她也会无条件地对你好，两个人相亲相爱，是世界上最幸福美妙的事情。

结果现在我发现你觉得美好的存在，可能对于别人来说是毒药。你觉得是幸福，别人可能觉得是侮辱。所以说女孩常常是男孩最好的老师，男孩通过恋爱学到的东西远远超过在学校学到的，一夜之间，我就长大了。

长大后我做的第一件事，就是和骄傲的女友分手。虽然我还很喜欢她，分开会让我很难过。可我很清楚我们不合适，我们太多观念不合了，长痛不如短痛，要是等到有一天分不开了却被迫强行分开，我可能一辈子都缓不过来劲儿。现在好了，也就是一两年，我也就忘记失去她的伤痛了。但只是忘记伤痛而已，并没有忘记她。

时光飞逝，我已经变成全新的我了，而她因为活在我的回忆里，所以一点儿没变，还是那么骄傲任性，那么青春逼人。

让人悲伤的是，分开之后她也并没有像她说的那样，毕业就工作，赚很多的钱，不但要自己独立，还要承担照顾父母的责任。

理想很丰满，现实很骨感，毕业后她就生了一场大病，不适合再参加任何工作，只能待在家里靠父母养着，她非但没有变成父母的支柱，反而加重了父母的负担。

所以说很多事情，人还是不能太骄傲任性，谁也不知道未来会发生什么。拥有一个健康的身体的时候，什么都好说，一旦身体毁了，一切就泡汤了。而随着环境的恶化，年轻人身体毁了的事情时有发生。

如果时光可以倒流，或者我有未卜先知的能力，我想我一定会在她拒绝让我养她的时候告诉她，不久的将来，她就会大病一场，只能靠别人养着，那么与其让别人来养，与其让父母来养，让男朋友来养不是更好吗？

但即便真的时光倒流，以她骄傲的性情，事情不真的发生，她是不会服软的，她多半会说，凭什么是我生病你养我，那说不定未来我病好了你又病了，还得我养你呢。

她就是这样，所以有时候我会觉得，骄傲也是一种病。一种永远也不会好的，会让你和珍贵的感情擦肩而过的心理病。

不能让一时的
失败变成一生的失败

我的中学时代是在一个叫商酒务的小镇上度过的，那是一个产酒更产煤的地方。因为学校紧挨着铁路的缘故，我常常爬到楼顶上看那些运煤的火车，渴望有一天可以被路过的火车带去远方。

渴望去远方，大都是因为生活得太拘束，现在回望我过去二十七年的人生，初中那三年仍旧是我过得最沮丧的一段时光。

我天性好学，从上幼儿园开始，一直到初中的入学考试，都是全班第一。当然这也得益于当时乡下的小学只学语文、数学两门功课，稍微聪明点的孩子，都可以轻松应对考试。

而到了初中以后，功课一下子从两门变成九门，我就有些应付不过来了。第一次英语考试，我只考了六十多分，这让平时语文、数学都考九十多分的我大受打击。

骄傲了整个幼儿园和小学时代，奖状贴了一墙，过去所有教过我的老师和家长、亲戚都觉得我未来是读清华、北大的料，结果我刚迈进初中的门槛就栽了个大跟头。

好在只是英语考试，其他几门的成绩我还是保持在全班前三，再加上入学的时候班主任按照成绩给了我班长和学习委员的职务，所以并没有人因为我英语考试失利而轻视我，尤其是英语老师，她鼓励我说男孩子在刚接触英语的时候大都会遇到一些困难，只要克服了最初的困难，接下来就一帆风顺了。

如果换作现在的我，自然知道老师是在安慰我，但在当时，骄傲惯了的我，就像兵败垓下的项羽，虽然知道回到江东还有东山再起的机会，却还是会选择乌江自刎。

执拗的我不肯面对自己的失败，不肯承认是自己上课没有认真听讲。我把一切责任都推在了英语这门功课和老师的讲课方式上。我天真地以为，只要我可以把其他几门的成绩保持在九十分以上，中考时英语就是考了零分也能顺利进高中。

这种幼稚且自大的想法，很快就从英语蔓延到了几何和化学等功课上，直到我总成绩加起来排到了全班二十名之外，直到我被撤销了班长和学习委员的职务时，我才意识到，不是哪一门功课的缘故，是我自己的问题。

那一年我十三岁，读初二，我第一次意识到我并不是上天的宠儿，我和周围的人没有什么不同，我不是万能的，只要不努力我就会失败。

过去那个乐观积极的我，在有了这种意识后，开始变得少言寡语。我不知道如何跟人倾诉我的想法，我觉得自己过去就像一个自大的傻子。

这种消极的情绪让我的成绩越来越糟糕，等到初二期末考试时，我考了全班倒数第二名。而这期间每一次考试，每一次排名，对我来说都是一种羞辱。后来走上社会，我害怕考试，在新概念作文大赛的复赛考场上写不出字来，迟迟不敢去考驾照，都是源于那时候考试带给我的阴影。

从初一到初二，我的班主任都是教语文的赵老师，我的一切变化他都看在眼里，其间也找我谈了几次话，劝我说人生的路很长，不要用一次的成败，一段时间的成败来衡量一生，跌倒了就勇敢地站起来。而我总是左耳朵进右耳朵出，明白他说的道理，却从来不把他说的话放在心上。

等到初二最后一次开班会的时候，赵老师说到初三他就不再带我们了，最后送我们四个字，说完他在黑板上写上了“永不言败”。

写完之后全班鸦雀无声，我坐在最后一排，刚入学的时候在第一排，我们是按照成绩排座次的。透过赵老师那比啤酒瓶还厚的眼镜片，我感觉到他在盯着我看。

这不是他第一次这样盯着我了，以往我都是羞愧地低着头不敢看他，这一次我直视他的眼睛，泪流满面。我明白从此以后，不管成功还是失败，属于我的时间已经不多了，我已经白白地浪费掉了两年，在光阴面前，一切都是那么的微不足道。

进入初三之后，我有过一段发奋期，数学成绩一度又回到了全班前十，但因为落下的功课实在太多，积重难返，初三第一学期结束之时，我的总成绩仍旧在全班倒数几名。以那时候的升学率来算，我考上高中的概率为零，等待我的出路只有职业技术学校了。

过去被亲戚邻里当作正面教材的我，彻底沦为了负面教材。因为要迎接中考，初三的寒假应该是除了高三之外最短的寒假，但这也是我度过的最难挨的寒假。只要亲戚朋友聚在一起，总要拿我的经历说上一番，翻来覆去总是那几句："太遗憾了，本以为他小时候成绩那么好，可以读清华、北大的。"再或者就是当着表弟堂妹的面说："骄兵必败，千万不要学你哥。"

在这种压力下，我选择了离家出走。因为身上只有五块钱，只够买一张去平顶山市区的票，我就把钱全付了车费。从家里到市区只有三十五公里的路程，但对于那个年纪的我来说，已经是我到过的最远的地方了。

我在市区游荡了一天，最后肚子饿了，就找了一家中介所，承诺以工资付中介费，最后被安排了一个洗地毯的工作。

家里自然是翻了天，村委会的广播上天天播我失踪的消息，妈妈哭晕了几次，爸爸也急白了头发。直到七天后，我因为不堪忍受繁重的工作，辞职回了家。

这次出走吓坏了父母，自此以后很长一段时间都没有人再议论我学业的失败，但我的出路，仍旧是一个问题。小学时代我只知道学习，没有学习之外的爱好，一心想着考上名校用知识改变命运。中学时代我倍受打击，灰心沮丧，更不可能发展出什么特长。

所以当父母问我要不要去职业技术学校学点什么的时候，我一头雾水。那时候学校内外有两句名言，学校内是“学会数理化，走遍天下都不怕”，学校外是“不会外语、驾驶、计算机，就是21世纪的文盲”。

我知道自己考不上高中，也就没有了读完初三下半学期的信心。在父母的安排下，我进入了一家计算机学校，死命地背诵五笔输入法的字根表，梦想以后做一个打字员，一分钟打五百字。

结果等我从计算机学校毕业的时候，五笔输入法已经被拼音输入法淘汰了，人人都可以飞快地打字，我的打字员梦想破灭了。这时候我才只有十五岁，我读初中时的同学，有些还在复读。有时候从学校的围墙外走过，听到里面背单词的声音，我就觉得很难过。那时候在我们那个小地方，对于可以正儿八经读高中、上大学的人来说，像我这种读职业技术学校的，都是失败的异类。

计算机的梦想破灭后，我又去了一所艺术学校学吉他，想靠组乐队唱歌弹琴为生。结果学了两年，老师说我唱歌跑调，弹吉他没有乐感，打鼓没有节奏感。而我看到老师经常接婚嫁丧娶的私活，觉得即便我有天赋也未必能靠音乐为生，于是就再次退了学。

这时候我已经十七岁了，同龄人大都还在读书，而我先后换了几个学校，仍旧找不到出路。我跟父母说我想去远方闯荡一下，父母以为我要去广州、深圳之类的地方打工，就拜托在广州、深圳打工的同乡照顾我。

而我却是一路北上，从西安到张家口，最后又去了峨眉山和南昌。我想我既然不能靠上学来改变命运，就只有依循古训，读万卷书，行万里路，在书中和路上解决我的出路问题了。

之后的十多年，在没有稿费这项经济来源之前，我都是靠着在书店打零工的方式辛苦地生活着。在路上的时候，班主任在黑板上写的“永不言败”那四个字，帮我渡过了很多难关。许多个吃不上饭的日子，无处睡觉的夜晚，我都是靠着这四个字硬撑着坚持着，现在看来多少有些偏执，但如果没有这份偏执，我此刻恐怕仍旧是父母、邻里眼中的负面教材。

从“一定能考上清华北大”到“太遗憾了，一进初中就不行了”，再到“别学你哥，就知道在外面游荡，也赚不到什么钱”。我体会到人言可畏的同时，也明白了“走自己的路，让别人去说吧”这个道理。

后来因为出版了十多本书，又做了编剧，每逢亲戚团聚，又能听到读小学时众人常说的话了：“多跟你哥学学，别没事就知道玩。”

在对这些一笑而过之时，我彻底领悟班主任当年的那几句话，人生在世说短很短，说长也很长，无论如何，都不能让一时的失败变成一生的失败。因为我们都不知道，未来到底会怎样。

活着便是平淡一生最好的安慰

周末和朋友聚会，在景山上，俯视整个北京城，可以看到眼前的整座故宫，旁边的后海、白塔。如果不是周围太多游客，如果凉亭里空无一人或者只有三两个朋友，其实这是个很不错的地方，这里在很多电影和歌曲里出现过，而且，明朝的最后一个皇帝就吊死在这里。更匪夷所思的是这景山公园门票才两块钱，像北京的地铁一样便宜（写此文时地铁尚未涨价），夏天来这里还真是挺好的。

好了，这一段写完就得回到正题上了，不然就变成介绍景点的游记了。其实写上述文字是想说明，任何好玩的地方，人都不能太多，而北京任何一个好玩的地方人都非常多。甚至整个中国都是这样，太多人了，非常破坏心情。

我以前挺喜欢人的，现在恨屋及乌，连动物都讨厌了，只喜欢简单的植物，不会动的山或者清净的水。天哪，写到这里居然还没有写到正题，幸好不是高考作文，不然肯定是及不了格了。

说正经的，其实就题目而言，我是想说，我每天早上九点起来，和一群行色匆匆的上班族一起穿过一条又一条马路，来到一个小房子里，坐在一堆书的中间敲打一天电脑。

晚上五点半回到住所，吃饭、看书或者看电影，然后睡觉。日复一日。在我曾经最讨厌的这个大大的脏脏的人超级多的城市里，日复一日地过这样的生活。

这是十年前，十七岁时的我万万想不到的。那痛饮狂歌，那南来北往，那隐居山野的生活离我越来越远，而且还只能眼睁睁看着越来越远，抓都抓不住。

刚才看一个采访，马原说他得了肿瘤之后辞职离开上海到了西双版纳养病，现在几年过去病好了，身体非常结实，每天在山野里劳作，也写小说，日子过得非常充实。

十年之后，我三十七岁的时候，如果也能去云南过这样的生活，人生也就圆满了。现在想想，其实和十年前相比，最大的变化就是放不下的东西太多。太留恋红尘中一些虚无的东西，太在乎成功这件事，太放不下“情”这个字。

年纪越大，得到的越多，放不下的跟着就越多。这些东西渐渐地就把人束缚在一个地方了，而且越来越牢固，到有一天你发现被束缚的时候，就已经动弹不得。老老实实待着，像别人一样待着你可能会过得舒服点，反抗的话，要么被牢牢困死，要么就被完全孤立。

孙悟空固然强大，但也得有人陪着他玩，如果天下没有猴子，天上没有神仙，他一个人和云山做伴，也没多大趣味。

这篇文写得断断续续的，写到一半时我停下来做了一段时间俗事，等到要接着写时，已经是要离开北京的时候了。

离开时看着我住了三年的房间，之前明明很厌烦很想解脱很想离开的，真到要走了，竟有一丝舍不得。但票已经买好了，舍不得也得走。带着复杂的心情，我打开手机音乐盒，开始边听歌边收拾房间。

每到搬家时，总要扔掉一堆东西。因为记性不好，很多回忆都要靠这些东西作为线索，一旦丢掉这些东西，过去经历过的很多事情就永远被埋葬了。

但相对于那些并不十分美好的回忆，更让我为难的是那满满的一书架书。扔掉或者卖掉都太可惜，想送人朋友又都不在身边。发了一会儿呆，最后决定挑选几本对自己有特别意义的书，剩下的就留在房子里，给陌生的下一任房客吧。

挑书的时候，看到一本朋友的书，那本《从卡夫卡到昆德拉》，她出国之前借给我的，我答应在她走之前还给她的，结果一晃五年了，书还在这里。

书里夹着那张我们在景山上拍的照片，那是我们最后一次聚会，也是最后一次见面。算起来已经是五年前了，但当时的一切就像是昨天。

音乐盒也真应景，我刚觉得一切恍如昨天，它就放到了自游乐队的那首《爱像是昨天》——那些爱过的人伤过的人哭过的人恨过的人在哪里，一路上还有多少雨水、泪水等我去回忆。有时世界仿佛只剩一半。有些骄傲随着时间流走被冲淡……

听着这样的歌，看着手里的照片，就着搬家离别的情景，忍不住就有些鼻酸。那时候的我有点发胖，整个脸圆圆的像充了气一样。明明是三个人的合影，我却占据了照片一半的面积。

那时候的他和她都很漂亮，他有一米八五的身材，棱角分明的脸。她有嫩白如雪的肌肤和温柔如水的性格。我站着他们俩中间，就像一件摆设。我讨厌拍照，便是因为这个原因。不拍照不看镜子，我便可以不去面对自己那实在太过随意的容颜。那天之所以会答应她一起合照，只是因为她要走了。

不过尽管是合照，即便我面积很大，因为他们俩过于漂亮，所以一眼看到这张照片，大家还是会先看他们，我占有的面积，和我们身后的故宫，旁边的绿树和远处的天空没有什么区别。

想起来其实那天是我约她到景山上的，那曾经是北京最高的地方，站在山顶看着故宫，时光仿佛在一瞬间倒流了。

那次是因为她出国的手续已经办得差不多了，抱着见一次少一次的想法，我把她约到了平时我只会一个人去的景山上。没想到她也带上了他。

每次我和她碰面，都是打着交换看书的幌子。当年在学校的时候，就只有我和她读纯文学，读卡夫卡、昆德拉、卡尔维诺之类的作家，只有我们俩认同阅读不仅仅是消遣和享受，更应该是一种严肃的甚至痛苦的仪式。所以尽管她美若天仙，我低若尘埃，但我们还是因为书建立起来牢不可破的友谊。甚至在毕业之后每个月至少还是会碰个面，交换一下彼此喜欢的书。如果不是她爸妈执意要送她出国，这简单又坚韧的友谊可能还会维持很多年。

尽管有不想看到的他在场，那一天我们还是聊了很多，聊我想过的那种闲云野鹤的生活，那南来北往的自在和洒脱。她对我的一切选择都是支持的，她觉得我一定能成功过上我理想的生活，这种肯定和支持甚至引起了他的醋意。但他也被离别的情绪包裹着，所以也没有说什么。

那天他用他长长的胳膊和拍立得给我们拍了三张照片。对于她来说，照片上一个人是她多年的朋友，一个是她很喜欢的男生，这张照片意义非凡。而对于我呢，回到家，我就想把他从照片上剪掉，之所以没来得及剪，是因为我们回彼此住所的路上，她就永远地离开了。一辆疾驰的车让她永远停留在了十七岁。

我把照片放回书里，把书放进已经塞得很满的包里。我不知道这张照片、这本书、这段回忆还会陪伴我多久，就像我不知道我什么时候才能过上我理想的生活。但我并不迷茫也不沮丧，因为我的未来还有很长很长，只要生命还在延续，一切就有希望。

第四辑
太急没有故事，太缓没有人生

且不说运气这种事是否靠谱，可以肯定的是，“努力”这个词在这个时代，不应该再跟“辛苦”画等号。努力的人未必辛苦，人在努力的时候，也可以是很快乐的。

所谓成功，不过是无数次失败的叠加

最近我的生活中发生了一件不大不小的事情，就是我吊儿郎当地做了一年的《深海》杂志停刊了。作为编辑，这是第三本我参与了创刊，又参与了停刊的杂志。

第一本是纯属凑热闹的《后来》，第二本是认真做了流程编辑的《幻火》，第三本就是常年不在编辑部的《深海》。

这三本都是失败的刊物，虽然也曾推出过一些不错的作者和作品。但总体来说，这些作品投掷在阅读世界这个喧嚣的湖面上，并没有击起多大的涟漪，就彻底消失了。

留下的只有一些迟早会被淡忘的回忆。

第一次面对杂志停刊的时候，我想过一些纸媒的问题，时代的问题。第二次面对杂志停刊的时候，我想的是风格和定位的问题，第三次，当第三次失败的时候，我想的是成功和失败的定义。

有时候我们很难定论什么是成功，什么是失败，畅销了赚钱了就是成功吗？成长了，成熟了又是不是成功呢？或许这几本杂志培养出一两个作者，让他们踏上写作之路，本身就是一种很大的成功了。没准儿其中某个人以后就会拿诺贝尔文学奖。当然，不是说拿奖了就是成功，有时候，对于写作来说，写出来就是一种成功。而对于做杂志来说，做出来了，并且陪伴了大家足够长的一段光阴，就已经是一种成功了。

从 22 岁到 29 岁，经历了三次创刊失败。但是我个人已经从那个需要到处投稿换取稿费养活自己的小作者，变成了每个月有应接不暇的稿约，花不完的稿费，勉强踩上畅销线的老作者。

通过做杂志，我更了解读者，更了解市场，也积累了常人难以想象的人脉关系，这对于个人的写作和发展来说，是非常宝贵的收获。

所以说，从有些层面看，我一直在失败，但从另外的层面看，其实是一直在进步，一直在成功。

其实，每一次做杂志，我都可以选择不参与的。

第一次，是《后来》的主编朋友希望跟我一起做点东西出来，出于友谊和对新事物的好奇，开始约稿，写栏目，懵懵懂懂。因为不在编辑部，我记得那时候一个月只有三百块的编辑费。

后来《幻火》创刊，依旧是出于友谊，同时也需要做一些事情来证明自己的能力，那时候建立贴吧，建立读者群，寻找各路大神，因为新刊没有收益，几个月都没有拿一分编辑费，但是认识了很多读者，了解了他们的喜好，也证明了自己真的不适合写奇幻。

再到《深海》，因为是组内一员，责无旁贷要贡献一份自己的力量。尽管这时候已经忙到分身乏术，但还是会投入时间关注杂志的发展。

也正是在一次又一次的失败中，看到了成功的可能。

其实可以因为钱少就不参与的，太累就不参与的，太麻烦就不参与的。一句对不起我很忙没法参与，就可以避免失败。就像不下棋的人，永远不会输一样。

但可能在你挑剔和拒绝，在你选择轻松愉快的时候，生活也在选择你挑剔你拒绝你。当你有一天面对二百平和二十平的房子，只能选择二十平的时候，当你有天面对高配和乞丐车只能选择乞丐车的时候，你就是被生活挑剔和拒绝了。

所以我想，以后有做杂志，做网站，做 APP 等任何新兴的事物的机会，我还是会去尝试。对于作者来说，总是没坏处的。就算一分钱没赚，也不是浪费时间。

多一些体验，是远胜过闭门造车的。

而对于不是作者的所有人来说，我觉得多尝试也是没错的。

我曾经说服一个设计师朋友跟我一起去做编剧，后来我们都浪费了一两年的时间，当他觉得一无所获的时候，我跟他说，起码，我们知道了，编剧这个行业不适合我们。

如果我们不去尝试，那么就会一直想着也许我们做编剧了生活就会不一样，我们就没法专心致志做自己真正擅长的事情。

一次又一次的错误和失败有时候想想挺让人沮丧的，但生活总是会翻页。

失败了，翻过这一页，重头再来，还是会有成功的可能。

怕的是一直沉浸在失败的情绪里，怕的是一直不选择不争取不尝试，把一生都虚度了。

一想到你不完美，
我便更爱你了

01

“马桶堵了，你回家的时候记得买个胶吸。”在缓慢行驶的火车上醒来，习惯性地去摸手机，打开就看到了这么一条微信。

发送人是女朋友，我睡觉前跟她说了我关了网络，从发送时间上看，马桶在三个小时之前就堵了，而那时候是凌晨四点。

想到这里我心中一甜，女朋友就是这样贴心，微信需要网络才能打开，如果她是像平时一样打电话或者发短信，一定会吵到我睡觉。

不管发生多么紧急的事情，她永远会先考虑是不是会影响到我。而我也会理解她的这份站在别人的立场考虑的心情。

毕竟每个人都是孤独的个体，再亲近的人都无法感同身受，你眼中过不去的大事在别人眼里大都是无足轻重的小事。

我想世界上最融洽的情侣，也许就是我和我的女朋友了。换作其他人，看到马桶堵了之后关注点一定在马桶上，很难像我这样有一双善于发现美的眼睛，一上去就把关注点聚集在了发送时间和发送方式上。没有这样一双善于发现美的眼睛，生活就将永远处在忧愁之中。

然而秀恩爱死得快，我心中的那份因为对方为我考虑而产生的甜蜜感并没有维持多久，就被女朋友的话吓到了。

“你对马桶做了什么？”对着手机傻乐半天之后，我还是做出了正常的询问。

“没什么，就是上厕所的时候，用力过度，不小心，把孩子生出来了……”

“啊？”我一跃而起，忘了自己还在火车上，一下子就把头撞到了上铺。

“老公，我们的孩子没了，你不会怪我吧？”

“你是说我们的孩子，把马桶给堵了？”

“嗯。也可以这么说。”

“你现在在哪儿？”

“小区门口你上次带我去检查怀孕的那家医院。”

刚夸完女朋友心思缜密知道为别人考虑，她就干出了这么心大的事情。上个厕所的工夫都能流产，还好我已经要到站了。

02

这是我和女朋友的第五个孩子，从她高三那年暑假到现在，五年时间，意外怀孕了五次，也因为这个，我再也不相信安全期、体外或者安全套这些东西是万无一失的了。万无一失的办法就只有发乎情止乎礼。

过去因为女朋友还在上学的缘故，孩子只好打掉。这一次她已经毕业了，我们也准备近期结婚，所以这个孩子的到来没让我们忧愁，反而让我们惊喜，有了孩子，双方父母看在孩子的分上也不会在结婚的问题上太为难我们。

然而这个孩子却自己走掉了，而且是以这样离经叛道的方式。

赶到医院的时候，女朋友已无大碍，一个病房里四个病人，别人都还目光游离意识模糊，她却已经靠着枕头玩起了手机游戏。

小时候看黑道大片，有一句男主赴死前的台词印象深刻——我为你坐过牢，你为我堕过胎，咱们两不相欠，从今以后，你就忘了我吧。

从那开始，我就觉得恋爱之中，男生为女生做的最大牺牲就是坐牢，女生能为男生做的最大牺牲就是堕胎。失去自由和失去健康一样痛苦，任何一方为对方做出了这样的牺牲，都可以视为真爱，如果做出了这样的牺牲对方还不珍惜，那必然是看错了人。

虽然社会不断发展变化，坐牢不常有堕胎常有了，但我骨子里还是觉得堕胎对女生的身体伤害很大，所以第一次迫不得已堕胎的时候我就对女朋友说，我这辈子再也不能跟你说分手了，如果不对你负责，我就禽兽不如了。

“你可以用坐牢来偿还我啊。”女朋友不以为然，头也不抬地回答我。那是第一次的时候，转眼就过了五年，城市换了，医院换了，我们也长大了，没变的就只有她玩手机游戏时目不转睛的状态。

五个孩子，五条鲜活的生命，有四条葬送于我手。也许冥冥之中真的有天意，杀伐过重的我，终究还是遭了报应。

“医生说，我以后没办法怀孕了。”女朋友抬起头，泪如雨下。

“那你还玩游戏。”

“我只是想转一下注意力，你告诉我，我是在做梦对不对，我们的孩子还在对不对？”

“乖，别太难过了，没孩子也没什么关系的，你知道的，我的偶像王小波就没孩子。”我抱住了她，绞尽脑汁只想出了这么一句并不怎么安慰人的话来。

“那是因为他觉得自己太难看所以不想要孩子，你这么帅，怎么能没有后代，要不然，你找别人生一个吧。你爸妈要是知道我不能生了，肯定不会同意我们结婚的，他们本来就不喜欢我。”

“他那只是谦虚，他不想要孩子是有思想方面的原因的，和外在无关，我一句话跟你说不清楚，总之就算是他很帅，他也不觉得应该生个孩子。他不看重这个，作为他的粉丝，我也不看重这个。”

“可是你爸妈看重，我爸妈也看重。”说到这里，女朋友的声音哑了，显然我来之前她已经哭了很久。

03

因为未满三十岁，传宗接代这件事对于我来说还真是不太看重。就算是在女朋友怀第五个孩子的时候，我们决定了要生下来，也没有觉得这是多么需要重视的事情，可能也正是因为这个孩子觉得他没有受到应有的尊重和重视，才自己离开的吧。

当初决定要这个孩子的事情，女朋友就让我给孩子取个名字。我想了很多，什么马云腾、马景天、马亦庚，等等。

作为一名作家，我给无数个人物取过名字，但到了自己孩子这里，仍旧是一筹莫展。最后女朋友说我的名字马叛就挺好，和杨过的寓意差不多。让我照这个意思，给孩子也取一个。

于是我就想到了马非，被女朋友以音同“吗啡”给否定了。马独、马负、马孤、马尽，我自己读出来都觉得不对味，最后女朋友一生气，来了句姓马真不好取名字，要是姓南宫、慕容、欧阳、西门之类的复姓就好了。

女朋友说这句话的时候，正坐在马桶上玩手机，也许正是因为这句话得罪了马桶，才导致了后面悲剧的发生。

不过说什么都晚了，孩子没了就没了。正所谓人生艰难，生人更艰难，养人比生人还艰难。所以孩子没了，也算是解决了一个难题，本来我也还没赚够奶粉钱，以后赚够了去领养一个也行。

唯一要面对的就是父母的问题，孩子没了，并且以后也不会有自己亲生的孩子这件事，是万万不能传到父母耳朵里的。

因为最初父母就反对我们在一起，女友家离我家太远是一个原因，年龄相差太大又是一个原因，但最大的原因还是长辈和晚辈因为代沟导致的不合。

女朋友刚喜欢上我那阵子，她爸妈就极力反对，觉得我是个骗子，专门骗小姑娘的骗子。后来经过女友的疯狂抗争（绝食、退学、离家出走）等等，她的父母终于失去了耐心，同意了她跟我交往，她如愿以偿之后，也就复学回家一顿继续吃两大碗了。

过了她父母那关之后不久，我就带她回了家，这时候我父母又觉得她是个骗子，专门骗成功人士钱的骗子。

然后就是我的极力抗争，虽然我在外面是非常普通的一个人，但是在父母眼里，自家的孩子不管怎样都是个宝，外面坏人那么多，不能让宝贝轻易就被人骗走了。所以，我需要向父母证明我一点儿也不成功，并没有什么钱，还欠下好多贷款，女孩子跟了我不但享不了什么福，可能还要跟我一起还贷。但父母还是不同意，我只好使出我的撒手锏——私奔。

我们一起去了很多地方，云南大理、四川峨眉、湖南衡山、湖北武当、宁夏中卫、陕西临潼，最后钱花光了，我们就一起去肯德基打工，在外人看来真的是奇葩无比的一对情侣，但我们觉得很幸福。

后来我爸妈哭着打电话叫我们回去，再也不反对我们交往了。

爸妈是一种很奇怪的生物，之前极力反对的，一旦认可后，马上要求我们结婚生孩子。结婚还好办，生孩子哪儿能急于一时，我们都还没准备好，我们自己都觉得自己还是任性的孩子。

所以第五个自己走掉的孩子，也是意外来的。如前所述，任何安全措施都抵挡不住我疯狂地生育能力。在武侠小说里，每个主角都有一个金手指，放在我身上，那个金手指大概就是生育能力。

我们决定要这个孩子之后，就告诉了父母。父母激动坏了，命令我们立刻做好养孩子的准备。这时候我才发现，我并没有准备奶粉钱。

为了多赚钱，我开始接各种没人愿意干的长途出差的工作，整天在外面跑，一周才跟女朋友见一次面。但我们都觉得已经很幸福了，双方父母隔三岔五打电话催着举办婚礼的时候除外。

关于婚礼，我跟女朋友想的都是领个证就好了，然后把举办婚礼的钱用来出国旅行。毕竟现在大家的生活条件都好了，不必赶在结婚那天吃顿好的，平时想吃都能吃，想聚都能聚的，干吗非要在那天走那种烦琐的形式。

我讨厌所有形式化的东西，更讨厌所有烦琐的东西，女朋友也是，婚礼把这两样占齐了。我原来打算这次出差回来就去旅行的，毕竟如果等女朋友肚子大起来了再出去就不方便了，结果出了这档子事情，可能只好向父母妥协了。

好了，这篇文章就写到这里吧，女朋友在催我试衣服了，隔着窗户我已经看到了她身披婚纱的样子，真美，上天不负我，终于让我找到了我的百分百女友。

为什么，我的名字里有个“叛”

很多时候，我们看到果，看不到因，看到他做了什么，看不到他为什么这么做。

就像现在很多人都知道我叫马叛，但没有人知道为什么我会叫这个名字。即便有人问起，我也只是说，天涯蝴蝶浪子那个名字，太轻浮。

其实我取那个名字的时候，并不觉得轻浮，天涯明月刀、流星蝴蝶剑、边城浪子，这些词语组合在一起，我要的是情与义值千金，要的是为朋友两肋插刀，为爱情付出一切。

然而这一切都渐渐过去了。是的，一切都会过去，包括过去的自己。

我的生活，或者说我的事业在渐渐变好，可是我一点都不快乐。

今天我被艾特了两千多次，又上了热门话题，今天有电视台邀请我去录制真人秀，今天很多大咖找我谈合作。可是到了夜里，关上电脑和手机，回到自己租住的小房间里，我的生活依旧是一碗粥，一本书。

那些虚名和虚荣，没有身体健康重要，没有精神食粮重要，可是没有那些虚名和虚荣，你想静下来看本书都不行。我们付出不得已的一切，换来片刻的安宁，值不值得我不知道。只知道已经被生活这样夹裹着，走了很多年。

我很小的时候，就进入到了网络上虚拟的名利圈子。那时候没有作品，也没有想过要做作家，那时候只是靠特立独行的生活方式吸引到了别人。那时候觉得，走到哪里都有人认识你，好像很厉害的样子。

西出阳关无故人吗？不，出海关都有故人。但那又怎么样呢，虚名能做什么用，做淘宝店赚钱吗？那为什么不直接去经商。

扯远了，还是回来说情与义。

那是在我还相信爱情相信感情的年纪，觉得情义大过一切，有情饮水饱嘛。后来因为贫穷，我喜欢的女孩子，全都离我而去。我不怕离开，离开意味着你们一开始可能就是错误的，那么，找到对的那个人就好了。

有一天我找到了我觉得对的人，但她还在上学，我没办法无时无刻陪伴在她身边，那时候的陪伴，还会浪费掉她的时间，耽误她学习。于是我选择继续远游，隔几个月，来看看她。

再隔几个月，她喜欢上了别人。

我问为什么，答案是，他比你帅，比你有钱，而你只有才华，更可悲的是你的才华似乎也不能给你带来什么。

我内心还是很强大的，我觉得这样的个案，不足以让我改变对情义的看法。我依旧用真诚去交朋友，去谈恋爱，然后不断地遭遇背叛。

有一天，记不得是第几次被人背叛，独自一人长夜痛哭之后，我在名字里，加了一个“叛”字，有人问，我都是说，这是叛逆的叛，谁会愿意承认，这是背叛的叛。

然而即便用了这个名字，我还是放不下那个象征情义的天涯蝴蝶浪子，现在我两个名字都用，很矛盾，同时也像我的内心一样。我是该相信情义，还是面对现实？

过去的我嘲笑着现在的我，现在的我也嘲笑着过去的我。他们无法说服对方，他们都觉得对方很可笑。

所以有人说我人格分裂，我有时候冷漠得连我自己都觉得陌生，有时候又会像过去一样，温暖阳光单纯地相信一切。

这个名字我已经用了五年了，也就是说五年里，我的内心都是矛盾的。在过去的我和现在的我之间，现在的我渐渐占了上风，要取代那个天真单纯的我了。

我不知道是不是只有我会经历这些，可能每个人，都会经历这些吧，谁能一直天真无邪呢。看我书的大部分人，都还年少，都还是过去的我。他们长大后，会变成现在的我吗？

我常常会厌恶现在的自己，但再厌恶，也始终是自己。

我常常想，什么时候我有很多的钱了，就去找一个小岛隐居，和喜欢的人在一起，每天看看书游游泳晒晒太阳。

但这种假想，只是麻醉自己罢了。

什么时候才会有那么多钱呢，名利是无止境的。人都是这山望着那山高，我痛恨厌恶现在的自己，可是这个世界里，还有那么多人，想成为我这样的人。

也只能等到他们有天真正成为了，才会发现，人生的苦难是无止境的，快乐和悲伤也都是不同的。

没有一劳永逸的事情，即便我有了很多钱，去了美丽的小岛，和心爱的人在一起，依旧会有烦恼。

所以最近自杀的年轻人都开始说，我死，只是因为，我对未来没有期待。

是啊，明知道是轮回，还有什么好期待的呢。

背叛别人的人，也会被人背叛。伤害别人的人，迟早会被别人伤害。

最近看路内的《慈悲》，讲的是一个悲惨的时代，小人物们的遭遇。喜欢封面上那几句话：只要活着，终会有好事发生，慈悲，让我们不再恐惧。我们唯有活得比时代更长，才有可能得到幸福。

这个时代是荒诞的薄情的商业的，过去有过真情的时代，我没有遇上，未来也许还会有，但愿我能活那么长。

有时候我也会想，也许我会遇上一个人，就像天使一样，融化我所有的悲伤，让我再一次相信爱。

可惜这样的人只存在于故事里，现实里永远没有。

现实里大家只想着自己。

即便是曾经疯狂追求我，说爱我不顾一切的女孩，也会得到我之后厌倦我，看清我之后远离我。

她们看到的，都是书中的，那个过去的，天真无邪的我。她们得到的，都是现在的，那个冷漠的、分裂的、邪恶的，甚至故意伤害别人并从中得到快感的我。

她们觉得自己被骗了。

我也觉得自己被骗了。

我从未说过我还是过去的人，过去的我到现在还在跟现在的我战斗。我以为你来，你是天使，你是来帮助过去的我，打赢现在的我的。结果，你只是来爱过去的我，你只是想陪伴美好的我，你比我更厌恶现在的我。你从来没有想过要拯救我。

陪伴是最长情的告白。

这里说的陪伴，是生死不渝，是哪怕我十恶不赦，你也会原谅我爱我，让我再次相信爱的力量。是看到我美好的同时，也接受我的邪恶。

可惜，一次又一次的感情，没有让我相信爱，反而让我更明白这俗世的爱是什么。

我是火，不是光。我会照亮你，也会烧伤你，所以，请和我保持一定的距离。

在一定的距离里，你能感到温暖，那就够了。真的够了。

我们最后输给的，不是任何人，只是贪婪的自己。

现在开始有人说，你的名字好酷。

我也开始接受这个名字了，毕竟都过去五年了，现在和过去的搏斗我也习惯了。无非是正与邪，对与错。正义的总是想消灭邪恶的，邪恶的却一直藐视着正义的。

正邪不两立，很多邪恶都来自正义。那些以正义的名义作恶的人，永远不知道，他们比邪恶的人，更可笑。

放眼这茫茫的世界，几千年来，正义什么时候消灭过邪恶，邪恶又什么时候战胜过正义？既然谁也无法消灭谁，既然我心中已经有了正义和邪恶，那就让他们搏斗下去吧。只有世界末日能够解决一切。

只要太阳照常升起，我们就可以幻想，有天真的会遇上牺牲自己成全他人的天使。

在这之前，原谅那些自私的人吧，他们都是弱者，都是可怜的人。如果不能原谅，就请选择忘记。

说起来，我已经忘了第一个背叛我的人长什么样子了。那时候我还以为我会一直记住她，记住她带来的那种伤痛。可惜，不知道是我太健忘了，还是后来遇到的人，比她带来的伤害更猛烈。

这荒唐而又可笑的人生啊，不知道有一天，我红到连跟陌生人说话的时间都没有了，还会不会记录这些。

人只要努力，就会越来越成功。但人不管多努力，都无法长久地霸占欢乐。

写到这里，想起那些支持我鼓励我的读者，觉得有些悲观了。这些年，虽然有些读者说我会一直陪伴你的，然后几个月之后就没影了，或者几个月之后干脆说你原来跟我想的不一样啊，拜拜啦。更有可笑的，每天各种示好，一次转发抽奖没抽到，就粉转路人了。

但更多的读者，是一直默默守护，默默支持。也正是因为这些人的存在，我才能一直写下去，感谢你们包容我的不完美。

纵然在情感上生活中有诸多挫折失败，但每次无助的时候想起你们，我心里就会好过很多，每一次在快要放弃的时候，都是你们让我有了重新站起来的力量和勇气，深情不言谢，你们都是我的天使。

世上奇葩千千万，总有人钟意你这款

相比起一本正经有条不紊理性生活的人，我还是更喜欢变化无常神经兮兮的怪咖们。

随着网络的发展，怪咖也分三六九等。我能接受的大都是黄文煜、Mike 隋、Lady Gaga、王祖蓝、贾玲、老湿这种，或者牺牲自己搞笑别人，或者以才华剑走偏锋引起人共鸣的怪咖。

这种人从小就有“你有什么不开心的事情讲出来让我开心一下”的无私精神，长大后见不惯千人一面众口一词的情景，一定要特立独行活出真我来。

这种人让我们意识到，歌原来可以这么唱，话原来可以这么说，衣服还可以这么穿。我们从小所学的那些理所应当的规矩全部被颠覆了。黑暗世界仿佛在一瞬间被他们打开了一扇窗，光芒随之全部涌了进来。虽然与光芒一同进来的还有非议，但瑕不掩瑜，我们不能否认，他们的存在让我们的生活更加丰富多彩。

在所有长得不帅的怪咖里，我最喜欢的当数陈奕迅了，他那句“你就当我是浮夸吧，夸张只因我害怕”几乎唱出了所有怪咖的心态。

害怕被忽视，害怕被遗忘。在这个快速发展的时代里，再耀眼的人，一不留神也会被淹没。所以帅的人搞怪，不帅的人更要特立独行。

怪咖跟普通人比起来，往往更容易寂寞，也更脆弱。但他们的脆弱永远隐藏在面具下面，拿给你看的，总是或搞笑或酷炫的夸张表演。这既是一种根深蒂固的卑微，又是一种迫不得已的反抗。

不过很多怪咖本身并不觉得自己是怪咖，在他们的世界里，一切本来就该是这样。反倒是那些一本正经的人把世界搞反了，不能因为一本正经的人多，就认为怪咖是错误的异类。真理可是往往都掌握在少数人手里的。

说到异类，不由自主就想起王小波的那头特立独行的猪，连猪都知道追求自由，人又为何压抑自己，约束自己，甚至否认自己呢？

我读小学的时候，《少林寺传奇》热播，学校里掀起了一股子习武潮。很多同学买了绑腿练习轻功，买了棍棒学习武僧。但随着《还珠格格》取代了《少林寺传奇》，习武的人一瞬间情窦初开，武术不能再吸引人，女孩子才吸引人。但有一个同学例外，春去秋来，不管什么季节，他还是一身单衣，裹着绑腿，跳上跳下，时间久了，他还真练就了一身飞檐走壁的本领。

但这是法治社会，不需要他劫富济贫除暴安良，他那点功夫完全没有用处，尤其是到了要考试的时候，刀枪棍棒没有一样能帮上他的忙，但固执的他不肯改，还总是跟同学打架。最后没办法，学校只好开除了他。他倒是也看得开，此后再没有踏入校门。但在家里，在社会上，他依旧是格格不入的存在。

一语不合，拳脚相向是常有的事情。他似乎被《少林寺》带入了尚武的时代，完全不能理解众人为什么不靠打架解决一切问题。面对众人的指责，他不明白自己错在哪儿，只是觉得社会容不下他，他生错了年代。这样的想法越来越根深蒂固，他也就越来越孤独。

有时候我放学回家，会看到他在他们家的房顶上，一个人看着远方。好像远方是他可以行侠仗义的地方。后来我看卡尔维诺的书，觉得他特别像那个《树上的男爵》，只是他比男爵更固执。男爵只是不肯下树罢了，他呢，不仅大部分时间都待在房顶上，还常常攻击路过的人，用他的话说就是他在练习小李飞刀。

有一次我拿了一袋方便面做礼物跟他对话，问他天天待在房顶上是什么感觉，他说看得更远，有种凌驾于所有人之上的感觉。他说众生都是俗物，他和众生待在一起，会觉得自己受到了玷污。

如果他最后不是被送进了精神病医院的话，我觉得我可能会为他写一本书，名字就叫《房顶的怪咖》，我不觉得他做错了什么，我想他只是进入了一个特殊的空间，然后再也不肯出来罢了。不过出不来有出不来的好处，精神病人思路广，脑残儿童欢乐多。我们过得不开心，只是因为我们太按正常的逻辑思考问题罢了。在房顶怪咖眼里，我们的一生或许都是极度悲哀的，远不如他在房顶待一天快乐。

很多年后，每当我遇到不开心的事情的时候，我都会想起这位同学。他的人生在很多人眼里都是到上房顶为止了，而在我看来，上房顶或许只是他人生的开始。也许有一天，我受不了这生活了，也会上房顶。

我想大多数人心里应该都住着一位怪咖，那个一直被知识、道德、规矩、伦理压抑的自己。一旦有一天你亲手释放它，或者它挣脱一切自己走出来，那么你立刻就会化身为怪咖。

所以我们在喜欢怪咖、理解怪咖、包容怪咖的同时，还应该尝试融入怪咖。试想一下，如果每个人都是怪咖，一年三百六十五天，天天都可以是狂欢节了。

当然，如果真这样，那就是另一个极端了。任何事情一旦极端起来，就会失控，就会朝坏的方向发展，所以我们大多数人，还是永远也做不到像他们那样，肆无忌惮地释放自我。但我们知道世界上有这么一拨人活着，感受着他们的存在，享受着他们带来的一切，本身就是件幸福的事情。

最后还想说下，陈奕迅的老婆也是个可爱的怪咖。两个怪咖在一起，生活是少不了欢乐的。所以在这里，祝愿所有的怪咖，都能早日找到懂你的那个人。只有和懂你的人在一起，才能见怪不怪。只有见怪不怪了，我们才能获得精神和肉体上的绝对自由。

期待那一天，不会太遥远。

爱着的那些人，教我们把眼泪流成诗

你渴望得到爱情保护，受伤时有人去哭。那么一点点的要求，向老天乞求为什么都不给。你总是无法习惯孤独，喝醉时一个人哭，怎么那么多的情人都那么伤人，还有谁会为爱守一生。

黄昏时听这首歌，会有一种别样的感觉。如果是在夕阳下，如果你是个敏感的人，又受过爱情的伤，也许会哭得稀里哗啦。

我不是在写影评，上面的话是某个人告诉我的。那时候，我还不知道，我和这个人，和这首歌，会发生什么。那时候，我只是单纯地喜欢这首歌，喜欢那伤感的旋律和撩人的歌词，于是顺手就粘贴到了微博。

第一次听到这首歌，是在《快乐男声》的比赛上，陈翔唱的，那时候看上去柔弱单纯的陈翔唱这首歌，如果是个女孩，肯定会产生母爱，产生保护他的冲动。可惜我不是女生，更可惜的是我对男生只有欣赏，没有特殊的癖好。

还是回过头来说微博之后的事儿。我是一个写小说的，写了很多很多，用无数个笔名，发在各种杂志，关注我的人很少，喜欢我的，也不多。我一直希望有所突破，我不想超越谁，只想突破自己，但是依旧很难。

在微博上发出陈楚生的歌之后，某个人跟我说，陈的歌有画面感，人听了，会不由自主地被代入，然后被感动。某个人还说，如果我的小说，能像陈楚生的歌一样，我肯定就红了。

我不是没有想过红。刚开始的时候，我觉得，出来混，迟早会红的。后来一年年过去，我开始发现早红比晚红的诸多好处。穷人和富人都可以快乐，但是穷人的快乐和富人是不一样的。

前面说的某个人，是一个姑娘，我通过她的评论，打开她的微博，发现她还挺漂亮。我是喜欢漂亮的事物的。于是她给我推荐了其他陈楚生唱的歌，我也一一听了，并且选了几首喜欢的，贴到了微博。

然后让我想不到的是，有一些默默地喜欢我的人，开始对我表达不满，甚至取消了对我的关注。他们不满的缘由是，我的口味太大众了。

他们说，你一向是喜欢特立独行的，你是文艺的啊，你该喜欢那些小众的东西，比如你以前喜欢的周云蓬、万晓利还有川子。实在不行，你喜欢朴树也可以。你怎么开始喜欢陈楚生、陈翔，开始喜欢选秀明星了呢？

我没有解释，我想我喜欢什么，是我自己的事儿，如果一个人因为我喜欢了什么就不喜欢我了，那我也没什么可悲伤的，因为从一开始他们喜欢的就不是我，而是我给他们的一种错觉。不解释导致关注我的人越来越少，最后我的微博粉丝快要比我发的微博还少了，这一点还是让我有些悲伤的。

我索性破罐子破摔，开始在微博发一些我最近喜欢的电视剧，比如芒果台的《宫》还有《回家的诱惑》，我点评里面的人物，甚至表示我比较喜欢晴川和八阿哥。

这下更惨了，我的微博粉丝数就像日本地震之后的日本股市一样猛跌，眼看就要跌到比我关注的人还少了。取消我关注的粉丝们临走时还说，真没想到，你竟然像那些大妈一样喜欢这种煽情电视剧，我们一直以为你喜欢冷僻的文艺片、纪录片呢，你这个大骗子，骗了我们这么久。

我真不知道我错在哪里，美好的东西我都喜欢啊。小家碧玉我喜欢，大家闺秀我也喜欢。瘦燕肥环可都是美女啊。我爱好广泛有什么错，我喜欢大江大河，也喜欢小桥流水。我喜欢独倚寒窗听细雨，也喜欢搬着长椅躺在院子里晒太阳。我喜欢另类冷僻的片儿，也喜欢大众电影、电视剧呀。博爱难道不是一种美德吗？

当粉丝跌到十个的时候，我去看了看，发现其中九个都是僵尸粉，只有一个活的。而那个人，就是前面我说的那个漂亮姑娘。

我发私信问她，为什么别人都取消了对我的关注，而你却不。她很久没回复，一周后，才看到她说，这几天她没上网，不知道发生了什么。

她问我为什么问她那个问题，我跟她讲了事情的经过。她得知后，说，就算全天下的人都不再粉你，我也不会取消对你的关注。

我很感动。想起巫昂微博上的简介——爱是恒久关注，又有评论。爱是不拉黑，不取消，常做围观的事。爱是永不举报。如果这段话成立，那她这就是赤裸裸地在示爱啊。

过了一会儿，她又发了条私信，说，前提是你也得回关注我，我们互粉一下好不好。

这句话让我的心一下子从春天到了冬天，而且还是零下二十摄氏度的冬天。但是生活还是要继续的，再大的打击，也终究会成为往事。我还是关注了她，毕竟她是个漂亮的姑娘。

从那以后，有很长一段时间，我发出的微博，都只有一条转发，一条评论。后来我不用打开看，也知道是她。

接下来有很长一段时间，没有发生什么。因为我住的地方，离她很远。我住在长江上游，她住在长江下游。现在又流行飞机和火车，水上很少走客船。我偶尔折个纸船儿扔水里，因为技术不好，漂几米就沉了。

如果事情这样发展下去，那么很快应该就完了，美丽的姑娘不会缺人追，尽管她叫楚楚，我叫陈生，看上去天生一对，可毕竟还有姓张的男子和叫留香的男人。

故事之所以能称之为故事，而不是日记，就是因为故事比较出人意料，意外比较多，琐事比较少。比如这一次，这个叫楚楚的姑娘，在微博上关注了我三个月后，竟然来到了我所在的城市。当然不是为我而来，只是来看风景，顺便找我要个签名。

这世界上不知道为什么会有签名这个东西，不能吃，不能喝，不能取暖或者降温，却让千百万人趋之若狂。为了明星的签名疯狂一把也就算了，有的人，为一个平常作者的签名，也要跋山涉水，所以后来，我就只能把这当作浪漫情事开始的一个理由。

那一天下了雨，不是为了制造浪漫故意这么说，而是我所在的城市三天两头下雨，下雨在我们这里其实算上不上浪漫的事儿，雨中漫步只会被当作傻子，物以稀为贵，我们这里都把晴天散步当作浪漫的事儿。

我带着伞去接她，只带了一把，不是为了占便宜，而是我单身独居，只有一把伞，至于买把伞送给她用这样的事儿，我当时真没想到，我要是有那么细心，也不会单身到现在。

还记得某年某月的某一天，你坐在酒吧吧台的角落里，点燃一支烟熄灭了昨天，回忆变成一圈圈。

为了重现歌中的情景，为了我们的名字，为了浪漫，我们约好相见的地点在酒吧。也许是因为不知道路的缘故，她到得有些迟。我独自喝了半瓶酒，没有抽烟。我喜欢烟草味，喜欢叼一支烟，但是不点燃。我讨厌烟雾，会让我想起小时候的那场火灾，那场把我的一切都带走了的火灾。

我没有告诉过她我的过去，毕竟我们只是微博上互粉的关系，虽然通过微博她已经了解了我的喜好、我的梦想，甚至我的作息时间。但我们最多，也还只是熟悉的陌生人。

她穿着少数民族的衣服，说不出是什么风格，就算是民族风格吧，也许是刻意打扮，也许是一贯如此，我没有细问，我不喜欢一上来就主动，问太多问题会让人心烦。可是她刚好相反，进来，打了招呼，就从我嘴巴上夺去了烟，含到了自己嘴里。然后问我，你为什么不点燃。

还记得某年某月的某一天，你搭错巴士来到了某地点，无所谓时间无所谓地点。

晚上她和我住在一起，我睡沙发她睡床。她已经看完了这座城的景致，退了酒店的房，订了后天的机票，只打算和我玩上一天，然后就离去。她说不以恋爱为目的的互粉都是耍流氓，如果我不想做一个流氓，就跟她谈一天的恋爱。

第二天，我带上很久不用的MP3，和楚楚一起，一人一个耳机，听着陈楚生的《某某》，搭上一辆从来没有搭过的巴士，不知道去哪里，就像歌里唱的那样，无所谓时间，无所谓地点。虽然一开始售票阿姨不答应，可是递过去五十元钱后，她就不问了，撕了终点站的票给我。我们却在半途就下了车，毕竟这只是制造的浪漫，非常短暂。

过多形容楚楚的美貌我觉得没有必要，你想，如果她不漂亮，我怎么会屁颠屁颠忙前忙后，当然漂亮是其次的。我更喜欢的是她的善解人意，那天夺过我的烟后，她也没有点。我没告诉她我的悲伤往事，我只是说我不喜欢。

这世界上其实很少有人会因为你不喜欢某样东西而跟着也不喜欢的，更多的只在意自己的感觉，还有一些，油滑无比，不会因为你而排挤你不喜欢的，也不会因为你不喜欢的而排挤你。

我是喜欢极端的人，就像我的博爱也到了极端。以前的女朋友都受不了这一点，哪怕你将她照顾得无微不至，只要你对其他美女微笑一下，她就会觉得她的领地受到了侵犯。

你渴望得到爱情保护，受伤时有人去哭，不奢求多铭心刻骨。眼泪把现实都模糊，过去一幕幕放纵的爱不能去填补。

楚楚说她需要的，就只是一份美好的爱。有人保护，有肩膀可以依偎着哭，就可以了。无所谓博爱，无所谓花心，她看得很开。只要一回头那个人还在视线里就可以。

可是我不是韦小宝。我的理想是做一个船夫，带着喜欢的姑娘，远离人群，泛舟江上，一辈子不上岸，像卡尔维诺小说里那个树上的男爵。江上不会有太多的姑娘，最多有几条美人鱼。

我和楚楚并肩坐在桥上，聊我的理想，她说她跟不上我跳跃的思维，我每说一句话她都要想很久才能明白，和我在一起要带个录音机，聊天的时候录下来，以后再慢慢听，慢慢想。

我说等你回去了，我就买一个录音机，把我想对你说的话，录下来，寄给你。那样你就有足够的时间去想，去猜，去琢磨。

她趁我不备，转头飞快的亲了我一下。然后说，有些话，你现在说，我还是能听明白的。不用等到我回去，录音机毕竟不能取代你。

过去我喜欢听崔健的歌，尤其是那首《一无所有》，听着就像他在唱我自己，我也是一无所有，没有姑娘爱我的一无所有。过去我真没觉得这有什么，也没觉得我该去抓住什么，我想该来的自然会来，该走的自然会走。拥有一份爱情了，还敢有什么奢求。

直到那些说爱我的女孩一个个离开，我才明白，我是个浑蛋呀。年轻的男孩，通常都是一无所有的，年轻的女孩陪在你身边，是拿自己最美好的年华在跟你耗啊。你不知进取，该多么地伤她的心。

现在我还是个不知进取的人，却没有再伤谁的心。楚楚虽然进我的心里打扫了一下，却也不想住下来。

送楚楚去机场的时候，我犹豫了很久，还是没有说出“你留下来我们一起生活这样的话”。我们终究还是擦肩而过。

“在现实生活里，擦肩而过的，常常不是前世的恋人，而是小偷。所以为了避免下辈子不丢手机和钱包，这辈子不要经常回眸。”

这是我在微博上写的一段话，转发的人很多，当真的人很少。连我自己也是，送楚楚走的时候，她一再回眸，我也一再回头。甚至几天以后，看到有飞机从我头顶的天空飞过，我都会情不自禁地驻足仰望，暗想，是不是飞机晚点她改签了。不过即便晚，也不会这么晚吧。

我的强迫症女朋友

把手机二十四小时调成静音这个习惯是在跟女朋友分居两地之后养成的，她总是屁大点事就打电话来。从一开始的找不到东西，到后来的半夜听到敲门声害怕，再到后来纯粹一个人待着无聊想跟我说说话。

她从来不管我是否在忙工作，或者在熟睡，再或者在开车。

我离开她所在的城市之后，她非常担心我失去她的控制，非常没有安全感，但她采取的办法不是来看我，或者一些能让我感受到爱的方法，她采取的方法是折磨我，以我是否能忍耐来确定我是否还爱她。

女朋友的上升星座是处女座，在一起的时候，别人在她身后打个喷嚏她都要让我看看她身上有没有沾上口水。

庆幸的是她没有跟我到北京来，不然一到秋天北京蟑螂成灾的情景一定能把她搞疯。我在疯人院没有朋友，送她进去估计要费不少事。

刚在一起的时候，尽管她很喜欢我，还是要求我不要碰她，牵手都不可以，更别说亲吻和其他了。她觉得口水是脏的，我不知道摸过什么的手也让人不放心。

时间久了，她渐渐可以接受我的抚摸和亲吻，渐渐把我当作了她的一部分。但除了我之外，任何人还是不行，不能用她的杯子，不能坐她的凳子，甚至不能翻她的书。一旦有人犯了禁忌，这些杯子凳子和书，就要面临被抛弃的命运。

医生说这是一种极度缺乏安全感的强迫症，只能用满满的爱来治愈。而我偏偏又是个高智商低情商的家伙，不会讲花言巧语，没有那么多小招数来哄女生，大部分时候，都只是一个微笑，一个拥抱。而这对女朋友深入骨髓的强迫症来说是远远不够的。

比如有时候她要我说一百遍晚安才能睡着，我常常说着说着自己就睡着了，等我醒来的时候，发现她还是保持着我睡下时的姿势，目不转睛地看着我，那样子吓死人了，她居然可以一晚上不睡，以此来让我感到愧疚。一百遍，少一遍都不是一百遍。还好我数学学得并不差，不然光是数数就要把我数傻了。

可能有人看到这里，会觉得女友是作，并不是病。恋爱中的女生都很作，所以似乎这便成了理所当然的事情。

女友在遇到我之前，就是这个样子，后来我们分开，她依旧没有什么改变。也正是因为她强迫症症状太明显，导致这么多年了，她一直没什么朋友。

也正是因为没有什么朋友，她非常独立自主，一切都能靠自己解决。尽管体重不满一百斤，却能扛着一桶纯净水上五楼，徒手能拎两袋米。上到换灯泡下到通管道，她样样都能来。不过她吸引我的当然不是这些，而是她独特的化妆拍照以及后期处理的本领。

女朋友是一名专业的摄影师，最初我是因为工作关系认识她的，觉得她拍的照片好看，就经常买她的照片。后来我辞了工作，做了自媒体平台，就开始找她拍照片。拍我签约的模特，也拍我自己。

强迫症患者似乎都有工作狂的潜质，在生活中各种挑剔也就罢了，工作中也一样难伺候。但生活中的挑剔无论何时都让人焦躁，工作中却可以称之为严谨，在这种工作态度下出来的作品自然也会让合作方万分满意。

我就是因为这种严谨而对她心生好感，之后相互吸引，也就顺理成章地拍拖了。因为长得好看加上才华横溢，我看上的女孩总是很容易就答应了我。强迫症女朋友当然也不例外，只是她明确说过她不喜欢我的双眼皮大眼睛，她更喜欢韩流明星那种单眼皮，觉得那才是男孩子的特征。

而我，虽然不能否认女朋友白嫩迷人，却也并没有第一眼被她的外表吸引。吸引我的是她那颗明明可以靠脸却偏要靠才华的心。我对这类女生完全没有免疫力，几乎是见一个爱一个。

在生活中爱上一个人，很容易就会爱上工作中的他。而在工作中爱上一个人，却很难在生活中也爱上他。

尤其是女朋友这种一切都可以靠自己解决的女孩子，我常常找不到我存在的理由。为此我费尽心机，看遍了恋爱宝典。各种上网搜索星座性格爱好。最后终于把女朋友变得从有些依赖我，到没我不行。虽然最后又回到了我们不相识时的状态，但这次恋爱，我想对她对我来说，都是成功的。

成功得让我们认识到了彼此，并通过彼此更加了解自己。虽然我们每天都跟自我生活在一起，但常常我们最不了解的就是自己了。

现在回想起来，唯一的遗憾是，说分手时，女友难过地哭了，并且说永远也不会原谅我。而我唯一做错的，就是不该在一开始，就承诺陪伴她一辈子。不该招惹了她，又放弃了她。

我天生爱自由，但我敢一生为你停留

我们相识至今，有十二年了。

那年你才七岁，短短的头发，肥嘟嘟的脸蛋儿，嘴角沾着蛋糕。你穿着厚厚的羽绒服像一只傻头傻脑的小猪。你怀里那个卡通狗好可爱，它尾巴上的蝴蝶结是你缝上去的吧！你小小年纪手就这么巧。其实我第一眼看到你就喜欢上你了，只是我受不了大人们对你的赞赏、对我的藐视。所以才抢了你的蛋糕，摔在地上，踩得稀烂。我以为你会像我妹妹一样，坐在地上号啕大哭。可是你没有那样，你微笑着看着我，轻轻地向我走来。然后一拳打在我左眼上。你出拳的速度好快，我想不到看似笨拙的你竟然有这么厉害的武功。于是我拜你为师。你让我像杨过叫小龙女那样叫你姑姑，你叫我过儿。可是你还小我十一天呢。从那以后，我们便一起上学一起回家。我常想，要是当年你爸妈不搬家到我家楼上，我中学时的学习成绩一定不会一团糟，更不会经常被老师罚站。认识你之前，我的学习成绩非常棒，甚至经常考全班第一。我是跟你学会逃课的。

班主任不让你上课，因为你太不乖了。然后你生气了，你拉着我的手跑出了学校。其实我完全可以不跟你跑的，因为我又没有犯错误，可是当时我脏兮兮的小手被你柔软的小手一抓，我就背叛了老师。在好学生与你之间，我选择了你，因为你说鱼和熊掌不可兼得。我想熊掌就是指你吧，好学生就是鱼。鱼我早吃腻了，该换换口味了。

你九岁那年，我们成了同桌。有一次数学考试，你一道题也不会做，你让我牺牲自己，替你做题。我没答应。当时你没说什么。下课后，你又一拳打在我眼上，这次是右眼，我哭了，其实我早知道你会打我的，也知道你的目标是我的眼睛。但我真的不能帮你。你交了白卷顶多挨顿骂，我要是交了白卷，爸爸会揍死我的。而且爸爸还答应我，如果我考了全班第一，他就送我一个大大的布娃娃。我一个男孩子要布娃娃做什么呢？还不是为了送给你，因为你说你的卡通狗旧了。

看到你拿到我送你的布娃娃时兴奋的样子，我心里像吃了蜜一样。你说这布娃娃真好看，我说徒弟送师父应该的。你问我的眼睛还疼吗？我说师父打徒弟应该的。然后请求你下次打我的时候换下目标和招数。你笑了，说我不经打，你说你只用了三成功力。从那以后，你就不再用拳头了，而是改用手指。我常独自望着被你掐得姹紫嫣红的胳膊发呆，暗想难道这就是传说中的九阴白骨爪。

十一岁的时候，我们一起考进了市三十三中。你变得温柔了，再不对我动手动脚了。你留起了长发，穿上了裙子。连你说话的声音也变了。以前你嗓门很大，你说那是你小时候练了狮吼功的缘故。可是现在你的声音又细又柔。难道你偷学了《葵花宝典》上的武功?

以前我看你的时候，你会打我一拳然后说谢绝参观。现在你竟然会脸红了，你害羞的样子好可爱，脸上像涂了西红柿汁，我好想趴上去咬一口。那年正流行《我的野蛮女友》，我说你长得好像全智贤，你说女生也可以当知县吗?

那天晚上，你和一个男生在路灯下接吻，不幸被我看到了，我以为那个男生在欺负你，就用你教我的“打猫棒法”把他打得落荒而逃。可是他跑之后你非但不感谢我，还打了我一耳光。好响好干脆。你还骂我卑鄙。我生平第二次在女生面前哭了。你为什么一再地冤枉我。明明是你说的，咱古墓派的人不能接吻。

自从我打了你的小情人之后，你整整一年没有跟我讲话。学校里的人都知道你有一个霸道的哥哥。你为什么告诉别人我是你哥哥呢？我明明是你的过儿呀！对了！自从上了初中后，你就再没叫过我过儿。

后来我越长越帅，十五岁那年，我收到了一书包情书，其中就有你的。你说我长得人见人爱车见车载，你说我长得女生见了扭断脖子思断肠，男生见了恨爹娘。你说你教了我那么多武功，我不能忘恩负义跟别的女生好。你说我要是不答应你，你就自杀，抹脖子的刀、上吊的绳子你都准备好了。

看到你写的情书我就笑了，我回信说过儿想姑姑了。然后我们就恋爱了。你还记得吗？我们一起逃课到街上，练习“打猫棒法”。你把头发剪了，裙子脱了。因为你喜欢上了溜旱冰，你怕穿着裙子会走光。你的平衡能力很好。我就不行，经常摔倒。你还记得吗？在你的正确指导下，我很快就学会了溜冰。可是你还是喜欢恶作剧。在我疾速行驶的时候突然伸出一条腿让我跌得鼻青脸肿。然后你非但不扶我一把，还没人性地在一旁笑。笑得好夸张，几欲撒手归去。终于有一次，我严重摔伤了，你背我去医院，路上还数落我，说我反应能力有待提高。你在医院整整伺候了我两个月，我说你活该，你说你是为我好。你说多摔几跤能促进肌肉生长。

有一天夜里，我们一起爬到楼顶看星星。你说人死了会变成星星的。我问你如果我死了你会想我吗？你说你会死得比我早的。然后你唱起了刘若英的歌：“你到哪里去了，想你的时候，抬头微笑，知道不知道。”

那天晚上我们待到很晚才回家，我被爸爸骂了，估计你的遭遇也好不到哪儿去。但是我知道你不会害怕的，你什么也不怕。你还记得吗？你答应嫁给我的，你说等我们领到身份证就一起云游天下。你说我们要到杭州吐法海老和尚一脸唾沫。你说我们去丽江隐居，我耕田你织布。

我们最后一次见面，你唱莫文蔚的《爱》给我听，你说有一天，我会后悔，你说无论我走到天涯海角，听到这首歌，就一定会想起你，一定会为今天的选择后悔，那是我最后一次听你唱歌，那是我唯一能把歌词记全的一首歌：你还记得吗？

记忆的炎夏，散落在风中的已蒸发，喧哗的都已沙哑。没结果的花未完成的牵挂，我们学会许多说法，来掩饰不碰的伤疤。因为我会想起你，我害怕面对自己，我的意志总被寂寞吞食。因为你总会提醒，过去总不会过去，有种真爱不是我的。假如我不曾爱你，我不会失去自己，想念的刺钉住我的位置。因为你总会提醒。尽管我得到世界，有些幸福不是我的。你还记得吗？记忆的炎夏，我终于没选择的分岔，最后又有谁到达。

昨天夜里，突然梦见你，梦见我们拜天地，梦见你含情脉脉地望着我。醒来，发现只是一场梦，不胜悲伤。我们有四年没见过彼此了，我知道你在四川眉山，地震的时候，我看到有关于我们曾经所在的那个小城的报道，我不知道你是否还在那里。我希望你不在那里，我希望你还活着，虽然我们之间再也不可能发生什么。我知道，这仅仅是一场梦而已，醒来就要忘记。我不知道你是否还爱着我，无论如何，我们身边都各自有了新的人。假如有时光宝盒，让我们回到分别那一年，让我再做一次选择，我一定会选择你，不会选择远方。

第五辑
把时间浪费在喜欢的东西上

我们所做的每一件事，如果不能从内心深处感到快乐，如果不能在做的时候动力满满忘记一切，做成之后感到幸福，那就肯定是哪里出了问题，不停下来检修，就一定会迷失自己。

唯有喜欢，才能做好

前几天我发了条微博，说除了环游世界之外，我最大的梦想就是拥有一个图书馆，一辈子不做别的事儿，光看书。

那条微博被很多人转发，转发的人都说自己也有同样的梦想。在这个读书的人越来越少的年代，这样的情景让我很感动。

回想起来，我最先接触到的书，倒不是用眼睛看的，而是用耳朵听的。年纪大点的人可能知道，以前中央一台在播完中午的新闻之后，会有一个叫《曲苑杂坛》的栏目。小的时候，我每天吃完午饭都蹲在电脑前听电视里的人讲评书，大都是些武侠、演义之类的，后来那个时间段被一个叫《今日说法》的栏目取代了，我因为要上学，就没能继续听评书了。

但是那些评书让我对故事产生了兴趣，后来随着年龄的增长，我认识的字多了起来，就开始看书。但是那时候因为家在农村，能够接触到的书不多，大都是姐姐买来的她喜欢的一些书。那些书我虽然能够看下来，却无法产生太大的兴趣，读得多了，倒让我觉得厌倦了。

然后有一两年的时候，我没有读书，也没有接触其他和故事相关的东西，现在想来，真是浪费了大好时光。好在只是一两年的时间，随后因为成绩下滑，失去了老师的信任，家长也不再宠我，朋友也越来越少，我感到空虚无聊的时候，才又想起了那些曾经带给我许多欢乐的评书，也是有缘，就在我想要读一些故事的时候，同桌不知道从什么地方，借了一本《钢铁是怎样炼成的》。

如今我已经不太记得那本书里写了什么了，只记得是一本很厚的书，我看了很久，并不觉得那本书多有趣，但是它帮我打发掉了许多无聊的时光。从那以后，我开始一本一本地从同学手中借书，像疯了一样，不管是不是自己喜欢的类型，我都看，像卢梭、泰戈尔、冰心等作家、诗人的书，我都是在那期间读的，那期间可以说并不是为了兴趣而读，只是完全为了打发空虚的时光。

然后因为一些个人原因引起的变故，我没能把初中读完就离开了学校，开始跟随一个歌舞团，四处漂泊。有一天我们到了山东的一个小县城，安营扎寨之后，我就和朋友一起去溜达，我永远不会忘记那个傍晚，在那个很破旧的小书店，我看到了王小波的书。会进书店完全是出于无聊，那时候我怎么也想不到我无意的闲逛，会改变我一生的命运。

那是一本被翻得有点旧的书，我当时拿起来的时候，还觉得作者的名字好土，然而翻开书读上几页之后，我就像突然回到了小时候的电视机前面。那样的感觉很难言说，像他乡遇故知，又像久旱逢甘霖，总之是畅快又激动。

那本书叫《唐人故事》，我几乎是废寝忘食地在读，读完之后马上又去找王小波的其他书来读，接着又读了和王小波风格相近的苏童等作家的书。那一阵也是疯狂阅读，但和读初中时不一样，不再是为了打发无聊时光，而是出于兴趣，出于热爱。

王小波的书让我发现，这个世界上的书是分两种的，有趣的和无趣的。我之前因为是没有选择地在读书，读的书大都无趣，导致我对书产生了怀疑。好在我那时候才十五岁，虽然读了几年无趣的书，可还是有更多的时间让我读有趣的书的。

因为爱上了读书，后来我就离开歌舞团，到一家书店打工，报酬低廉，可是可以看到许多好看的书。后来我学会了上网，除了在书店看书之外，也常去一些文学论坛看小说，认识了不少志同道合的朋友。他们除了看书之外也写一些文章，受他们的影响，我也开始试着写作，最初写的都是一些青春小说，发在网络上，本来是没有多少信心的，后来看到不少人回帖说喜欢，于是就越写越多了。

再后来就看到了新概念作文比赛的征文启事，抱着想得到更多认可的态度参加了比赛，然后竟然真的拿了奖，接着就开始发表文章。随后为了得到更多的认可，当然主要也是出于自己的热爱，写了一些短篇之后又开始写长篇，然后陆续出书。

现在想来，能走到今天这一步，我首先要感谢的，就是我最好的朋友——书。如果没有书，我现在可能还是一个普通的农家青年，或者是一个落魄的摇滚青年。不过书并非都是好的，得有选择地阅读，好书可以成就一个人，坏书同样也可以毁灭一个人。

而判断一本书的好坏，是要完全靠自己的内心的，不能违心，不能听信任何所谓专家学者的话。那些所谓的必读书目，并不一定是对你有益的。当你刚开始读书的时候，首先要读的，是那些你非常感兴趣的，拿起来就放不下的书，因为兴趣永远是第一位的。

写作的道路回顾的时候很简单，经历的时候却是漫长且艰辛的，能够支撑你走下去的，不是金钱或者其他充满诱惑的东西，而是你内心的兴趣。因为唯有喜欢，才能做好。

人总要有些信仰和兴趣

“爱与文学不朽”，有很长一段时间，这句话都是我的微博签名以及给读者签书时的赠言。

对于我来说，爱在远方，虚幻迷离不可捉摸，文学在身边，朴实稳重生机勃勃。这两者构成了我生活的全部，它们相辅相成，缺一不可。

更细致地来说，文学于我又分为写作和阅读，抛开伏案奋笔疾书的时刻，大部分光阴都被我打发在了阅读上。

从年少时的不顾一切看到印刷品就读，到现在的万分挑剔泡书店一天只能抱一两本杂志和书出来，成长带来了偏好上的变化，不变的只有我的阅读载体。

尽管经常给电子杂志供稿，也经常授权一些网站连载我的小说，但对电子读物我一直是排斥的。我书写的所有作品，首发地几乎都是纸媒。因为缺少编辑的精挑细选、沙里淘金，在网络上发表的作品，对于挑剔的我来说总有一种太随意的感觉。

受传统文化的影响，在我心里，发明纸张和印刷术的人是非常伟大的，我不能想象没有图书和杂志的生活，就像有些人不能离开电脑和手机。

我最享受的时刻，就是坐在人不多的绿皮火车上，靠着窗户，读一本文学杂志。阳光洒在移动的车身上，车窗外是满眼的绿色，绿色之间有陌生又美好的房子。火车到站，一本杂志刚好翻完。

因为坚信爱是不朽的，所以我一直去远方，每一次的抵达与别离，都能够带给我一种新生的力量，生活中所有的挫折磨难都因为这种力量的存在，变得可以理解可以包容。

文学也具有这种力量，并且是实实在在永不别离的。只要你手上握着一本杂志，随时打开，故事永远在那里等你。再糟糕的心情，都可以被美好的故事治愈，再难忍的屈辱，在看了故事人物的经历后，都会有这点屈辱不过如此的感慨。

在阅读和写作之外，我的另一个身份是编辑。成长带来的变化让我在选择工作和项目时也十分挑剔，入行至今十一年，被无数杂志邀请过，因为深知幕后制作的艰辛，所以真正参与其中的寥寥无几。

我第一本参与编辑的杂志叫《后来》，那本杂志每月一期，发行了三年，但我真正参与制作的只有几期，因为那时候我还在四处漂泊，没办法参与编辑部的会议，后来因为老板太不靠谱，卷款跑了，导致杂志被迫停刊。

等到编辑第二本杂志的时候，有了第一次的经验，再选择公司的时候就慎重了很多，这一次是《幻火》杂志，我第一次朝九晚五地上班就是在做这本刊物，从贴吧到微博再到QQ空间，我几乎在所有能够宣传的地方推广这本刊物，前几期效果还是不错的，可惜到后来，奇幻整体市场下滑，导致刊物也没能做下去。

写这篇文的时候，我正在编辑一本叫《深海》的杂志，我对这本杂志的期待并不大，不管做多少期，我只希望每期都有人喜欢就够了。

就像刚刚入行写作的时候，总是想着要一鸣惊人，到后来渐渐就明白，写作是一辈子的事情，风光只是一时的，不能为了一时的风光而急功近利，毁了一辈子的事业。

做杂志也是如此，最初总想着要破多少万册，而忽略了初衷，我的初衷只是想为读者做一本他们想看的、喜欢的，可以用来消磨时光同时读完又有所收益的读物，仅此而已。至于最后能否畅销，只能看缘分。就像流行的未必是好的，畅销的也未必就有益，做小众也有做小众的好处。

在这个纸媒没落的行业，我所做的事情本来就是逆水行舟，但好在不止我一个人在做，在纸媒末日彻底来临之前，能坚持多久，我想我便会坚持多久。就算这一载体注定要消亡，爱与文学总是不朽的。

世界上最美的三个字

我在北京五道口一家咖啡店的二楼写小说。也许是因为外面在下雨，店里暖气开得很足，客人却不多。这里是韩国人聚集地，听到的交谈声全是韩语和英语，我因为听不懂，也就不觉得嘈杂，更无须戴上耳机。

我的位置靠着窗户，可以看到远处高耸入云的大楼和人潮汹涌的地铁站。我时而看看窗外，时而对着电脑敲下几句话，灵感也是断断续续，让人欲罢不能，却又无法尽兴。

就在我考虑要不要叫住在附近的朋友一起过来聊聊的时候，身后来了一桌客人。听声音是一对情侣，我没有回头看，因为他们是用汉语交流，说什么我都听得明白。

先是一阵子翻书的声音，让我觉得很亲切。他们聊着最近的天气和供暖问题，我猜想他们多半是在附近读书的大学生，跟我一样因为公寓还没有供暖，所以到咖啡店打发时光来了。

我不想过多地听他们的交谈，那样很不礼貌。可就在我戴上耳机要打开音乐播放器的时候，男生说的一句话吸引了我，他问女生："你知道世界上最美的三个字是什么吗？"

"讨厌，你想说你说，我可不在公共场合说这个。"

"你说说看嘛，未必是你想的那样。"

"难道还有别的答案？"

"先说你的答案嘛！"

"肯定是'我爱你'啊。哼，你就是想让我说出这三个字！"

"错了，世界上最美的三个字，是你的名字。"

像是融化了心里的一扇冰封已久的大门，突然，我想起了很多过去的事情。关于爱情，关于名字，关于投身写作的初衷。

那时候我还在念书，因为沉迷于摇滚乐和象棋，学习成绩一团糟，家人却死活不同意我退学。

我的旁边坐着一个女生，她有一个上了锁的日记本，课余时间，总是看到她在上面写写画画。我跟她关系还算好，但她从来不让我看她写了什么。

我那时候一心想退学去乐队玩摇滚，做一个酷炫乐手，所以对身边的人的小秘密并没有什么好奇心。不像现在，因为要写很多很多的故事，一听到有与众不同的东西，我就总忍不住要竖着耳朵听一听，很让人害臊。

后来我还没有退学，她却因为身体原因被迫休学了，临走时她送了一些学习资料给我，连同日记本也夹在那一摞资料里。我向她表示感谢，因为她的资料很全，送了我之后，我就不用买了。而那个日记本，刚拿到手的时候我也没当回事，直接放进抽屉里就跟同学去打篮球了。

现在我已经想不起跟我同桌的那个女生的模样了，但那个日记本，却一直藏在我的脑海深处，挥之不去。

那个日记本是蓝色的，需要用一把非常细小的银色钥匙才能打开，当然用蛮力的话这样的小锁也能被硬生生扯下来。我第一次打开的时候，是在一节政治课上，因为听不进老师的话，我就在抽屉里乱翻，本想翻那本没看完的武侠小说，结果却先翻到了她留给我的日记本。

打开我就愣住了——上面写满了我和她的名字，每一页都是。

在本子的最后一页，还有一行小字：想你的时候，我就写写我们的名字，看着我们的名字在一起了，就像我们在一起了一样。

我满脸通红，吓了一跳，抬头去看，幸好老师和同学都没注意到我。我把日记本塞进学习资料里，放学之后带回了家。晚上我又拿出来看了一遍，然后就准备烧掉。

生命中第一次发现被人喜欢，我的感觉是莫名的惊奇与害怕。

我是个胆子非常非常小的人，小时候身体过于虚弱，遇到一点点惊吓，就会精神恍惚魂不附体，妈妈就要请人来给我“叫魂”。那些可怕的叫魂的人会把我的名字写在纸上让我吃下去，然后再让妈妈不断在我耳边呼唤我的名字。

被“叫魂”的时候，我能感受到周围人的一举一动，但我却无法动弹，睁不开眼，说不了话，像被什么看不见的东西压在了床上一般。

我长大后身体结实了，这种事情就没有了，但“叫魂”还是给我留下了很大的心理创伤。比如很怕别人写我的名字，很怕别人叫我的名字。

后来选择从事写作这一行，很大一部分原因就是我可以用笔名在幕后写。迄今为止都很少有人知道我的真名叫什么，在日常交往的朋友圈子里大家也都用笔名称呼我。

所以，看到日记本上密密麻麻写满我和她的名字的时候，我首先感到的是害怕，握着那个日记本，像握着一种恋爱的罪证，而我必须要快速销毁这种罪证。

但害怕过后，又有一丝喜悦的感觉在我心里跳跃。原来我也是会被人喜欢的！原来身边这个在我上课睡觉胳膊伸过界时就会用书本打醒我的女生，竟然喜欢我！可是仔细想想，害怕还是多过喜悦，所以我最终还是把日记本烧掉了。

虽然现在已经想不起那女生的样子了，但她的举动带给我的感觉势必要影响我一生。即便被我尘封了，但就像闻到一些味道就会想到童年一样，有些记忆一有风吹草动就会现出原形。

坐在我旁边的女生休学后，又陆续寄了两次东西给我。

一次是没有上锁的日记本，上面只写了我的名字，尾页上写的是：我们可能没法在一起了，但我还是会想你。

因为上一本日记本烧毁的时候有很大味道，被妈妈发现了骂了我一顿，所以这一本我就直接吃掉了——在放学回家的路上，一页一页地。纸是软软的，墨是涩涩的，一开始还好，吃到最后没有口水了，我根本咽不下去，就只好嚼烂了吐掉。现在回想起来，喉咙里还有堵堵的感觉。

还有一次，她寄了一个大大的瓶子给我，里面装满了折得很精致的纸鹤。那时候我还没有听过关于纸鹤的传说——只要一天折一只纸鹤，折满一千天，就可以给喜欢的人带去好运。

那时候我只是觉得她有些烦，还没完没了。再说，要寄礼物也给我寄点打口唱片或者我喜欢看的书之类的啊，寄写满名字的日记本和装满纸鹤的瓶子这种危险品，只会让我苦恼，这哪儿是喜欢我啊，分明是给我添堵。

于是，我就把装纸鹤的瓶子丢进了学校厕所后面的小河里。丢了纸鹤没多久，我就去艺术学校学吉他了，再也没收到过她的礼物或者关于她的消息。

直到很多年后，我放弃了音乐梦想，开始写作了之后，有一次回家遇到早年的同学，聊到当年的事情，他说我的同桌后来又给我寄了一些信，因为我不在，同学们就拆开看，当众诵读耻笑她和我。

后来消息传到我同桌的耳朵里，本就病重的她，很快就去世了，死的时候还未满二十岁。同学们都觉得很愧疚，去参加她的葬礼的时候很多人都哭了。

而我听完同学的讲述，回到家也哭了。虽然不知道为什么，我很朦胧，甚至已经忘记她的模样，可听到她去世了，我心里就像堵了块大石头，觉得很对不起她。

从那以后，我每每想到她，就会想到死亡、哭泣、名字等让人心情不好的存在。我写的爱情故事，也大都是以悲伤为结局——创造一种美好的存在，然后再亲手残忍地毁掉这份美好。

又过了一些年后，我已经成了小有名气的作者，有了很多身处不同地方的读者。有一次，我又收到了一份关于名字的礼物。

那是一个北方的女生寄来的。她报考了三亚的大学，三亚有个天涯海角，那里有两块分别刻着“天涯”和“海角”的大石头。入学时那个北方的女生在海边抱着那块刻着“天涯”的大石头合了张影，然后她发照片给我看，还说：“我来这里读书，就是因为在这里可以经常看到你的名字。抱着这块刻着你笔名的大石头，就像把你抱在了怀里。”

收到这份礼物的时候，我已经彻底长大成熟，不怕别人跟我表白，不怕爸妈发现了追问我女孩的情况。但关于名字，仍旧是我的一块儿心病。虽然三亚那块大石头上刻的只是我笔名之一，但我还是有销毁它的冲动。我幻想有一天，海水漫上来，把那块大石头卷进海里去，幻想了很多年。

我不知道如何好好地接受一份爱，也不知道如何去跟人表达我的爱。我的爱情好像在萌芽状态就被扼杀了。

时至今日，我对爱情仍有抵触情绪。像得了一种无药可治的感情疾病，只要有人跟我表白，我的第一反应永远是拒绝或是躲得远远的装作没看到。

后来我发现把这种对爱的恐惧和矛盾写下来的时候，心里会好受一些，就好像我把恐惧写在了纸上，故事里的人就可以帮我承担这种恐惧了一样。

迄今为止我已经写了十多本书，但我对爱的恐惧依旧没有消减。但每当我想到爱情，就会想起很多历史上不幸的爱情故事，我始终觉得，每个人都只是孤独的个体，再相爱，也无法真正感同身受。

也正是因为有着这样的执念，我才写了很多爱情小说——关于闺蜜之间的爱与恨，其中也有类似留日记本给我的那种默默去爱的女同学，也有一生只爱一个人的执着男。

人生百变，最易变的不过人心，最难坚守的便是初衷。就像那句诗“等闲变却故人心，却道故人心易变”，我写的爱情故事里众人的结局，都是拥有爱时不懂爱，领悟爱时人不在。

我通过那么多爱情故事，想告诉大家要珍惜身边的人。而我也将在写作中渐渐试着忘掉童年时关于名字的阴影，忘掉年少时关于爱的恐惧，让未来的生活里，多一些风花雪月，少一些颠沛流离。

话说回来，我在听到身后的男生对女生说世界上最美的三个字不是我爱你而是女生的名字的时候，对名字的恐怖的执念已经被冲淡了不少。在看到他们握着彼此的手，不说话，单是看着对方就已经心满意足心花怒放的时候，我对爱情又有了新的理解。

如果不是怕被打，我真想转过身去对这对情侣说，世界上最美的三个字，不是“我爱你”，也不仅仅是你喜欢的人的名字，应该是这两者的叠加，将一往情深变成两情相悦，就会有那三个闪耀着无限温情的字——“在一起”。

这个年代保持
阅读的意义何在

一个人如果不读书，那么这个人多半是封闭的无趣的。一个作者如果不读书，那么这个作者多半写不出或者必然不能持续写出有趣的作品。

不读书的坏处有许多，但这并不能成为我读书的理由。就像不会开飞机你就体会不到翱翔蓝天的乐趣，不会外语你就体会不到用多种语言与人交流的乐趣和便利，但我并不会为了这些乐趣就去开飞机学外语。

我选择读书，最接近本质的原因，应该是可以体会不同人的灵魂，从不同人的角度看这个世界。读当代的书是如此，读古代的书就有趣了，如同和古人对话，通过那些真挚的描写，我们可以穿越时空，去到任何时代。

哪怕你身处陋室，也可以从书中的世界里获得无边无际的自由。你好像凭空生出了无数手、无数眼睛、无数感官，随着书中人物的变化，你只有一次的人生，好像也变成了无数次。这种精神上的快感，胜过一切感官刺激。

所以才会有很多读书读傻了的人，对女人没兴趣，对毒品没兴趣，唯独痴迷书中的世界。但我并不想做一个书呆子。所以我看书的时候，不会全神贯注地沉入进去，我常常会脱离出来观察对比自己的生活。这种对比常常会生出另外一种乐趣，同时也能使人进步。

比如说我有一次骑车远行，看到一个傻子模样的人在路边稀疏的小树林里自慰。我当时很震撼，事后回忆起来，仍觉得诧异，但我无法表达出这种所见所闻带给我的具体感受。

直到看到老何的书中写到同样的段落，故事里的人像我一样路过大城市路边的绿化带，也是看到一个傻子在自慰，那种投入的沉醉的状态，让他觉得自己生活在一个欲望都市，一个傻子都不顾一切享乐的时代，他觉得这是一个巨大的讽刺，对文明建设的讽刺。这是对生活在大都市里西装革履的现代人的一记耳光，这些满口仁义道德、满肚子男盗女娼的人，尚且没有一个傻子真诚自在。

这就是读书的乐趣，我们日常的所见所闻，在艺术家的眼睛里，是另一番景象。我们看到傻子自慰最多骂一句傻 ×，只有艺术家可以把这些跟时代、文明、欲望、真诚、仁义道德和真诚联系在一起。

我并不是说艺术家的视角有多伟大，而是说通过读书，通过读书带来的思维的乐趣，我们会用一种宽容的心态去看待这个世界。那些日常的因为贫穷、因为争执带来的烦恼，通过读书都可以消除掉。我们不需要去夜店找女人，不需要去游戏厅，静下心来读一本书，甚至只是静下来来想想自己读过的书，就可以感受到远胜于美食美景美色所带来的乐趣。

当然并不是所有的书都能够这样。我从八岁读书到现在，读了二十年，读过的能够让人飘飘欲仙的书也不足一百本。好在寻找这些书本身也是件有趣的事情。现代人常常抱怨烂书一堆好书难找，我觉得有这种抱怨情绪的人都活该看不到好书。

世界上哪一样好东西是可以轻易得到的，美食不需要找？美女不需要追？哪儿那么多送上门的好事，找书的过程虽然费事，但绝对值得。翻破一万本书，能翻到三五本好看的，就没白翻。瑕不掩瑜，烂书越多越能体现好书的珍贵。

当然书也分人，像余华自认为师承福楼拜，因为是通过阅读福楼拜他才解决了心理描写的问题。我自认为师承王小波，因为是通过阅读王小波我才发现我也有写作天赋。但并不是说福楼拜的书、王小波的书就一定值得每个人去读，太多的人读他们的书并不能得到乐趣，所以说你自己的书还是得你自己去找，任何书单、任何人的推荐都帮不了你。你是独一无二的，你喜欢的书也是独一无二的。即便是一模一样的人，不同经历不同年纪的人看了也会有不同的感受。

真诚地希望你也能够早日找到你喜欢的那些书，这是比找到你喜欢的人更重要的事情。

我为什么而写作

可能是因为近一年多的时间连续出了五本书的缘故，最近陆续有人来找我咨询出书的问题。昨天和朋友在公园里刚好也谈到了这个问题，跟着说到了写作和文学梦想。所以就在这篇文里一并谈谈这些事情吧。

我们是以诺贝尔文学奖得主萨拉马戈的代表作《失明症漫记》和陀思妥耶夫斯基的《卡拉马佐夫兄弟》作为讨论的起点，进而延伸出的一些感想。

通常在我眼里，书是分为两种的，一种是充满智慧的有趣的书，一种是消遣品。读到前一种是运气好，读到后一种就当消磨时光了。最近运气好，遇到的都是充满智慧的书。

我是从七八岁的时候开始喜欢阅读和听评书之类的东西，打算写作是到十四五岁的时候。从读和写的转变要感谢王小波。在他之前我读了大概有几百本国内外有名无名的著作，读的时候都只是读而已。读到王小波的时候，我觉得我好像也有文学才能，也许可以写一写。

王小波虽然流行一时，但是我感觉世人对他还是有很多误解的，觉得他就是黑色幽默调侃，或者描写性之类的。我所理解的王小波是一个非常认真的在写作的人，那些黑色幽默的调侃，那种对性的描写，我觉得都是表面的东西，或者说都是一种掩饰吧。我觉得他骨子里是一个非常纯真的小孩，从《绿毛水妖》可以看出。而他想写或者说写得比较成功的应该是《寻找无双》那种风格，而不是《黄金时代》。

昨天聊到《失明症漫记》的时候我就想到了《寻找无双》，同样的荒诞，同样的合理，同样的制造了一个世界，同样的具有讽刺性和批评性。

我当时吧，就是十四五岁的时候，就是想写这样的小说，用荒诞的风格缔造一个世界出来，在那个世界里有各式各样的人，我并不能完全的控制他们，或者说我制造出他们之后，就只是替他们说话而已，他们虽然是一个独立的新的世界，但并不和现在这个世界脱节。

有了这样的想法之后我开始写小说，但是光有想法不行，很多实际的东西跟不上，一落笔自己就觉得俗气了，不断删了写，写了删。

家里人发现我在写东西之后，就劝阻我，认为这是一条不务正业的道路。为了让他们理解我，我就开始有意识的想要发表作品。

然后就开始买一些杂志打算投稿，大概有两年的时间吧，写了很多东西，通过电子邮件和邮局寄了出去，大概有二十万字吧，都没能发表。

那时候正是青春文学蓬勃发展的时候，我当时就在心里想，我是否该坚持下去，我写我想写的那种小说，好像没有地方愿意发表，没地方发表父母就不会支持我写下去。

因为出身寒门，我不可能把所有时间都用在写作上，我必须得找到其他养活自己的东西，但是我又只爱好读书和写作，不喜欢做自己不感兴趣的事情。

那时候因为写作认识了很多朋友，后来他们都去做其他行业了，渐渐联系就少了，偶尔联系上也得知对方很久不写了。当时我就很担心，如果我去做别的事情了，那么会不会有一天我就彻底忘记当初那个写作的梦想了，彻底被这个庸俗的世界同化了？

既不想干别的，写出来的东西又不被认可发表不了，当时我是相当苦闷，就去了很多地方，差不多溜达了大半个中国。通过这一圈的溜达我发现，其实我暂时放弃那个梦想就好了，我写杂志愿意去发的东西，在这些东西里稍微保留一点儿我自己的梦想就好了，等有一天我能养活自己了，彻底独立了，我再去全身心地投入那个梦里。

有了这样的想法之后就顺利多了，我开始写情情爱爱的故事，因为我本身经历了很多感情上的挫折，所以简单地讲讲自己的故事、自己的感悟体会，就是一个非常曲折的小说，然后我开始在国内各种畅销杂志发表文章，还拿了一些奖，陆续出了七八本书。

尽管如此，我还是不太开心，因为我还没有办法让自己去实现最初的那个写作梦。因为虽然在流行文学的写作上取得了一点儿成绩，但是赚的钱远远不够用，父母催着结婚，真结婚了又要养活孩子。所以可能还要很长一段时间我才能去全身心地实现那个梦。

但是因为有那个梦想的存在，我其实过得还是很开心的，我知道自己有一天一定可以去写那样一个故事，缔造那样一个世界。我可以一直朝着那个梦想去努力就好了。

所以当我出了书赚到钱的时候，我高兴，不是因为这本书或者那些钱，而是因为我觉得我离那个梦想近了一步。

我想有一天，当我可以去全身心地写那个故事的时候，也许我不一定写得出来，不一定能成功，但说不定也能成功。只要能成功地写出那个故事，我想我就会很开心了，是否发表，根本不重要。就像王小波开始写作的时候他相信自己有这个才能，我估计他死的时候也坚信自己写的东西有一天会被关注。所以尽管他生前没有受到大的关注，但是我想他是开心的，因为他清楚他在做什么。

我写这些东西不知道看的人是否看明白了，其实主要是想对这些来问我出版问题的人说这些话的。就是说是否发表是否被认可其实没那么重要，关键是自己认可自己，自己明白自己在做什么。

有的人说，我只要出本书这辈子就死而无憾了，我觉得这种人其实不热爱写作。出一本或者出一百本书并不能证明什么，关键是你是否写出了心中的那个故事。

如果有一天我写出了那个故事，我觉得就算立刻死了我也是开心的。

所以如果你也是一个为了发表为了出书而犯愁的年轻人，也像过去一直被退稿的我一样，我想你可以问问自己，你是否真的热爱写作，是否知道自己未来想要做什么。

其实写作能带给人的最主要的是快乐，金钱、地位什么的都是非常次要的，而且我觉得不能利用写作来做什么事情，那样肯定会适得其反。你真诚地对待写作，写作才会真诚地对待你。

如果你现在写的东西不被认可，而你又坚信自己是有文学才能的，坚信自己写的东西有一天肯定会被认可，那么你不妨试试用一下我曾经用过的办法。就是写一些现在这个社会上流行的东西，曲线救国，先发表一些可能不是你特别想写的东西。用发表的这些东西来证明你是有文学才能的，来获取一些物质上的东西。

可能有人会说，如果为了挣钱，那我可以干别的啊，我干吗要写我自己不愿意写的来挣钱呢。其实我当时也想过这些问题，但是放眼周围，我可以做的无非就是经商销售之类的。这些和写作离得太远，我担心有一天搞这些会把我毁掉。

而写作呢，尽管有时候写的东西是我不喜欢的，但是我在写的时候，可以很近地触摸到自己喜欢的那个梦，可以有意地加入一些自己的东西。这样不管过多久，我想我都不会忘记这个梦，只要有机会，我就可以立刻去实现它。

这么多年过去，我写的东西里，对于创造一个世界的梦，在第一本书里尝试过，并没有完全成功，但起码是迈出了一步。在《陪伴是最长情的告白》中收录的部分短篇里，我也做了一些尝试。这些东西虽然还没有完全成功，但是看到这些东西的时候，我心里是欢喜的。我想总有一天，我会写出那种让人看了觉得很新鲜很有趣充满智慧的故事。只要写出那样的故事，那么其他的就都不重要了，就像那句话——吾诗已成，任天地万物都不能将其化为无形。

不是所有的努力
都值得被尊重

对于作者而言，搞这样的推广那样的宣传，都不如踏踏实实写篇好文章管用。真正强大的人不会被埋没，怕巷子深的酒都不香。不用羡慕那些偶尔出本书还很畅销的“小鲜肉”作家，他们只是昙花一现罢了。那些肤浅的普及常识甚至三观扭曲的文章真的能触动你的灵魂？你又不傻，就算你傻，大家也不傻，就算大家都傻，也不会一直傻。

别人说出名要趁早，你就真去上相亲节目啊？你一写小说的，上什么相亲节目。

你说什么？不只是相亲节目，还有综艺节目？那不都一样吗？一切都安排好了被导演组当猴耍。要上就上《艺术人生》啊，不然上个《鲁豫有约》也行，要我说，最好什么都别上，你又不是艺人。

看别人小说改编影视了，做编剧赚钱了，就削尖了脑袋往影视圈钻。那是你一个写小说的该干的事情吗？编剧是那么好当的吗？你不知道你几斤几两吗？你不知道有句话叫你若盛开，清风自来。

写作这种事情，不坚持十年，肯定看不出效果，坚持了十年，你还是默默无闻，那你可能真的就不是干这个的料，别浪费时间浪费感情，该干嘛干嘛去，七十岁也不耽误你搞别的，你要非在这棵树上吊死，那就只能博取一些同情了，不会有掌声。

掌声是给那些真正精彩的人的。

我之前遇到过一位，四十多岁了，还在坚持创作，但又是用业余时间创作。平时在医院上班，谁也看不出她有写作的梦想。

她写得跟屎一样，但她并不觉得，坚持了三十年了，坚持本身也是习惯。她投稿子给我，也不指望我能发表，她只是写了，投出去，像是完成一种仪式。

我一开始觉得她很努力，还鼓励她，最后我发现从认识她到现在，三年过去了，她写的东西和三年前没区别。这几十年都是这样，她过着一成不变的生活，偶尔有时间了就坐到电脑前写几笔，有时间也看书。

她没有过人的写作天赋，也没有在写作上下过苦功夫，但她却认为自己可以做一个作家，渴望得到认可和尊重，这不是扯淡吗？

我天天砍树我就能变成木匠？我天天胡吃海喝我就能变成美食家？我天天跑步我就能变成运动员？（这个说不定真

行，只要不是在雾霾天跑。）

凡事都得用点脑子，用点技巧，毕竟写作也是一件需要智商的事情。

有的人，坚持了两年就坐不住了，觉得自己可能不行，跑去干别的，干着别的还想着写作，这边也不甘心，那边也不甘心，最后一事无成。既然这样，一开始就别搞啊。

还有一些人，也出了点书，以为自己就了不得了，不去想想怎么提高写作水平，天天拿着这点资本炫耀，你再去约他的稿子，他东拼西凑给你一本，你跟他讲实力讲长远发展，他一句话就把你堵死了——那谁谁谁文章写得屎一样，靠着长得好看，不也卖了几万册，你们做出版的，不就是为了赚钱吗？

你说你非要跟你自己都看不起的人比，我还有什么可说的。做出版不仅仅是赚钱，更重要的赚成就感，做出一本好书才有成就感，要只是赚钱，我老早就去干房地产了。

话说到这里，也就没什么可说的了，你要是觉得我在说你，你就赶紧改正，你要是还没看明白，那说明我们没缘分。

人生最重要的事情不是赚多少钱多大名声，是每天都比昨天进步了那么一点点。这就足够了，其他的都是扯淡。

其实我是在反省自己，我觉得所有作者，没事都应该反省反省自己，别老装 ×。

即便只有一个读者，也要坚持写下去

昨晚做了一个梦，梦见了多年前的自己。

那时候我还是个小众作者，当然现在也不大众。那时候我喜欢到书城里找个角落坐着看书，因为我太喜欢看书了，但一年的稿费收入，去掉生活费用，只能允许我买十几本书。

有一次我刚到书城门口，就看到一个巨大的海报，是一个很漂亮的女孩子在签售她的新书，因为是社科类的书，所以我进入书城看到她后也只是停顿了一下，就走过去了。

在书城里面，也可以看到外面的情景。我看书的间隙，偶尔会抬头休息一下，然后就可以看到，签售现场一个读者也没有。我进来时只有一个工作人员陪着作者，持续近一个小时的时间，中间只有一个读者买了书找作者签名，大部分时间，作者都是尴尬地坐着，后来作者就走了。当时我想，如果她也是写小说的，我不管怎样也要去捧个场。签售会没人来这种事，太尴尬了。

昨天看岳云鹏的经历，看到德云社初期，观众有时候就一个人，说相声的一群在后台，有时候观众接电话，说相声的就等着让观众接完电话，再接着说。后来岳云鹏登台，因为知名度不够，被一群人起哄赶下台。

也就是现在岳云鹏红了，这些当年的尴尬，都变成了经历，变成了励志的过往。否则这些就永远是心理阴影了。

回头继续说那个女作者，如果有天她也红了，那么当年签售会就一个读者来捧场的经历，就也是励志的。但更多的可能，是她没有坚持下去，就此放弃了。

今天会写到这些，是因为昨天我发签售会的暂定城市，有个读者留言说，你确定了日期一定要告诉我，我读高中的时候看你的书，对我影响很大，虽然你那时候写得不好，现在写得好多了。

我一眼就看到了那句“虽然你那时候写得不好”。

我确实还是影响了蛮多人的，经常会有人跟我说，初中的时候或者高中的时候读我的书，长大了回忆青春，总能回忆到读我的书的那些日子。

但很少人跟我说“虽然你那时候写得不好。”

说实话，看了这句话我很感动的。因为TA说了实话，我那时候写得确实不好，但写得不好吧，还经常刷屏。

记得有次有个朋友去书店买杂志，买了三本，本本都有我。然后她就说：“你是有多不挑，千字300元稿费的杂志有你，千字50元稿费的杂志也有你。”

那时候行走各地，是真的很缺钱，拼命地写写写，只是为了生存下去。

就像岳云鹏说相声，最初也是为了生存。后来说多了，才有了热爱。

不过更让人感动的，其实是那个读者说的后半句“现在写得好多了”。

如果我停留在过去那个阶段，或者后来干脆不写了，那么读者对我的定义，应该不过是个靠写作生存下去的流浪者罢了。

后来写得好了，写得国内没几个人比我写得更好了，才算是一个专业的作者。才算是真正进入到了写作行业。

也经常会有人跟我说，你好像很自恋。

我一般很少解释，因为要讲太多往事。

像我这样没有背景的小镇青年，如果要走一条不同寻常的道路，比如说写作，是会受到周围人的嘲笑和否认的。如果我不自恋，如果我不相信自己，一开始我就走不出来，因为没人支持我相信我。

当然我现在也理解周围的人，尤其是那些亲近的人，他们希望我走稳妥的路，是因为那样不会失败，我如果一意孤行，失败了，就会成为家庭的负担，成为啃老的人，他们担心我成为他们的负担，同时担心我毁了自己的人生，所以不支持是一种常态。支持反而不正常了。

所以很多时候我表现得自恋，只是在鼓励自己罢了。

很多事情，我们只能看到果，看不到因。

比如我现在早睡早起，不抽烟不喝酒，是因为我过去经常跟朋友通宵玩，抽烟喝酒到身体要报废，才不得不养生了。

还有人听到我哼歌，觉得好柔和。

不是我喜欢这些歌，是因为这些歌哼起来不费劲。

我年少的时候，天天都在嘶吼，现在再去吼那些歌，一句出来，嗓子就哑了。

今天啰嗦了好多，索性把想说的都说了吧。

早上的时候看到微博有条未关注人私信，说：喜欢你的文字，有一种说不出来的感觉。

我当时想，为啥这么多人说这种说不出来的感觉。

这到底是什么感觉。

静下来想了很久，应该是历经沧桑后的云淡风轻？

痛饮狂歌后的早睡早起一碗粥？

现在因为连续出书的缘故，我再也不用担心没钱买书了，也不用去书城坐着看书了。要问到知名度和金钱带给了我什么样的快乐，我想首先就是看到喜欢的书可以随意地买买买了。

最后再说一下因果。我现在比较喜欢自媒体，比如你现在看到的这篇文，是我一口气写完，没修过就发表出来的，虽然可能有点凌乱，但绝对原生态。

而你平时在杂志上看到的我的文章，都是经编辑和校对加工过的，有些好的编辑和校对只是修改你的错别字，有的理解能力差的，会把你整个意思都颠倒了。

还有一些出版社的老师，出于压力，会让你把故事里的某个人彻底删掉。所以你有时候看到故事，都是残缺不全的。

当然也有好的编辑，帮你梳理一下，就会变得条理清晰，富有说服力。

自媒体平台的好处就是可以做到我现在写完，你立刻就可以看到。坏处就是没有一个人客观冷静地帮你把控，有时候会写得乱七八糟。就像被剪辑处理过的电影，和片场拍的时候的电影是不一样的。就像听歌和看演唱会是不一样的，就像签售的时候我随口回答的，和平时深思熟虑后写下的也不一样。

莫言在没有拿诺贝尔文学奖的时候，有一次签售遇到郭敬明。郭敬明面前排成长龙，莫言面前冷冷清清。当时莫言说，没想到文学圈子也开始追星了。

时隔数年，莫言拿奖，去哪里也是人山人海了。

去年的签售会，虽然没出现现场只有一个读者的尴尬，但是只有几十个人，也确实证明了我还需要更加努力。

我希望有一天我的签售会人山人海的时候，你依然在。

我会努力到那一天，也期待你陪伴我到那一天。

尽管过程中可能会出现很多的意外状况，可能人气有时候不但不会上升还会下跌。

最后，再说下我十几岁的时候的事情。

那时候我常常说，即便只有一个读者，我也会坚持写下去。那时候写得好差啊。

那时候也知道自己这样有多招人嫌弃。明明没有人喜欢，还写个屁啊。就像那个签售会只有一个人来的作者，就像那时候只有一个观众的德云社。

成王败寇，亘古不变。

只要一息尚存，也要坚持活着。

也只有坚持下去了，才能看到转折，看到不一样的未来。

再伤心，男人
也不要轻易流泪

不管是男人在女人面前哭，还是女人在男人面前哭，当一段关系出现问题，而解决问题的方法又是流眼泪的时候，基本上，这段关系就离结束不远了。

两个人在一起，会遇到各式各样的问题，有时候言语解决不了的，一个拥抱一个吻就能解决了。最最愚蠢的办法，就是哭泣，以示弱的方式，缓和矛盾问题，女孩子偶尔用一次还好，用多了也会适得其反。而被视为安全感和坚强化身的男人们，这辈子最好只用一次。

我二十出头的时候，就把自己唯一的那一次用掉了，用在了自己最爱的女孩子身上，现在虽然分开了，也不后悔。

现在回想起来，已经记不得我们为什么而争吵了，也许是我想吃糖醋里脊，她想吃水煮肉片。总之是从鸡毛蒜皮的小事，上升到了你死我活的枕头大战，最后女友一气之下摔门而去。

我在气头上，就没有立刻去追，等到天黑了她还没回来，我才急了。好在她并没有走远，一直坐在小区里给小朋友玩的滑梯上，我找到她的时候，她已经哭成了泪人。

那已经是我们交往的第三年了，很多时候，我们不用说话，单凭眼神动作，就知道对方在想什么了。

那是她哭得最厉害的一次，我心里也清楚，这次不管我怎么哄怎么道歉，她可能都不会跟我回去了，就算回去了，可能也是收拾东西，一拍两散了。

一念至此，我也就不哄了，我试着扶她起来，被她狠狠地甩开。于是我就靠着她旁边的扶梯坐了下来。

我想起我们从初相识时的好奇，到无话不谈时的欢快，再到模范男女朋友，看到对方就想笑时的甜蜜。

也就是过了三年，陌生的我们，亲密的我们，就变成了如同仇敌一般的我们了。过去天大的事情感觉都能替对方扛的，现在却会因为一部电影一本书而争得你死我活格格不入。

因为太了解对方，知道说什么话杀伤力最大，所以每次吵架，都是两败俱伤。这样的生活她过够了，我也过够了。

但我很清楚，我还爱她，她应该也还爱我，只是我们的爱情生病了，而且好像怎么也好不了了。

想着想着，我就哭了。一直觉得男儿有泪不轻弹，男子汉流血流汗不流泪的我，那一次哭得稀里哗啦的。

因为无能为力，因为恐慌害怕而哭，就像小时候，被夺走了某样心爱的东西，怎么也拿不回来的时候，无奈地哭泣。

女友看到我哭了，一开始是惊诧，因为我不止一次地在她面前嘲笑现实里和电视剧里那些哭泣的男人是多么的娘。

然后也许是激发了她的母性吧，她抱住了我，开始道歉，开始哄我。从表面上看，我们的矛盾问题解决了，我用眼泪，换回了我们的爱情。

她不会跟我冷战，不会拒绝跟我回去了，为了让我停止哭泣，为了让我不再伤心，让她做什么都可以。

但这只是一时的，我不可能每次都用眼泪解决问题，她如果再看到我哭几次，估计就会厌恶我的眼泪了。我们之间难以解决的还是性格不合的问题。

现在我们已经分开很多年了，想起那次哭泣还是会觉得很难为情，在我看来，男人在女友面前哭，是和父亲在孩子面前哭一样可怕的事情。可能会给女友留下心理阴影，不再觉得男友是安全感的来源。

从那以后，我能更冷静地对待爱情。在一起就开开心心地在一起，分开了就祝福对方。不会争吵，不会打闹，凡事宽容，凡事耐心。

有人说我成熟了，更像个男人了，更懂得如何与人相处了。有人说男人就该这样，女孩子就需要这样的男朋友。

而我却总也忘不掉，那个浑身是刺，那个棱角分明，不懂世故圆滑的我，总是会想起，那个无奈的、悲凉的，在女友面前无法自已痛哭流涕的我。

不同年纪是不同口味的棒棒糖

我九岁的时候，觉得二十年是非常漫长的光阴，觉得三十岁是非常可怕的年纪。转眼我就要二十九岁了，转眼二十年就过去了。

我十七岁的时候，觉得人不必活太长，觉得实现了梦想，就可以去死了。现在我早就实现了十七岁时的梦想，现在我觉得死亡很可怕，人要不断有新的梦想。

不同的年龄，看同样的问题，得出的结论可能南辕北辙。所以有句古话叫盖棺定论，还活着，一切就是未定的未知的。

我小时候的座右铭是穷则独善其身，达则兼济天下。长大后才发现穷很容易，达是非常困难的。在这个竞争剧烈压力巨大的时代，追求达的目标，不如放松心态，顺其自然。

抱着今朝有酒今朝醉的态度，我玩了十多年。很多人工作一生最后退休了，可能还没有我之前四处游荡玩的时间多。

所以我常常觉得，我的人生是颠倒的，我已经提前把退休的时间和状态用掉了，我需要珍惜光阴来奋斗。

之前看到有报道说韩寒年少的时候，想买一辆车，可惜没有钱，后来有稿费了，就背着一书包稿费去买车，发现钱太多，根本不需要那么多。

对于此时的我来说，非常想买的是一块墓地，目标很明确，就是在大理的苍山脚下，弄一块巨大的石头，上面写着简单的墓志铭，下面躺着永远不会醒来的我。

我不知道这样一块墓地需要多少钱，我感觉肯定比房子贵，所以我才这么努力地出书。写作是生活习惯，出版则纯粹是为了实现这个世俗的梦想或者说是目的。

在我出版第十本书的时候，我想的仅仅是能买个房子，有个安身之处就好了。现在随着新长篇，新小说集，新杂文集的上市，已经要出版第二十本书了。我不知道我要出多少书，才够在苍山下买一块地，我很清楚我不想死后葬在家乡那个小乡村。

可能对于很多人来，才二十九岁，就谈论死亡和墓地，有点为时过早。可什么时候不早呢，二十年转瞬即逝，死亡更是会随时降临。

当时这是我悲观的时候的想法，生活总是在悲观和乐观中不断交替着，乐观的时候，我就什么也不做，晒晒太阳，睡睡懒觉，想着万一死的时候一无所有，那就烧成灰，撒在洱海里，也不错。

因为悲伤的时候多，快乐的时候少，所以大部分时候，大家看到的我，总是处于励志状态，早睡早起，拼命写作。

当悲喜交加的时候，我总觉得自己很分裂。我前几天想到生日，还在想，我十七岁的时候，觉得十七岁也挺美好的，人生永远停在十七岁就好了。现在快要二十九岁了，觉得二十九岁也挺好的，如果人生永远停在二十九岁就好了。我希望我七十岁的时候，能够觉得七十岁也挺好的。不同的年龄是不同口味的棒棒糖，我们需要做的就是品尝这不同年龄的美好。

可是现在，我却在聊死亡和墓地。然而这就是我，有时候很难让人理解你是怎样的人，大家更愿意相信自己所看到的。看到你努力，就觉得你是个励志的人。看到你游玩，就觉得你是个随心的人。

好在我们并不用在意他人的眼光，过好自己的人生就好了。你喜欢车，就攒钱去买，你需要一块昂贵的墓地，就努力奋斗。你喜欢蛐蛐，那这辈子待在田间也没有人可以指责你的选择是错的。

这个世界很不公平，有的人出生的时候一无所有，有的人出生的时候家里负债累累，也有的人，一出生就锦衣玉食拥有了别人奋斗一生也未必能得到的一切。但这世界又是公平的，你努力了，就有一点成功的机会，不努力，就永远不会成功。

成功未必是好的，但成功了可以多一些选择，你可以选择过你想要的人生，就像有个朋友的签名——花钱买自由。

你爱什么，就努力去赚取什么，有一天你想要的你都有了，你觉得累了，可以把一切都捐出去，也可以选择丢到海底喂鱼。只要别虚度人生，在死亡将至的时候，为碌碌无为而悔恨，为死后就会被遗忘而悲伤就好了。

最后，再说一句我这十多年体会到的一句真理：能别谈恋爱就别谈，谈恋爱真的很浪费时间。如果谈了，就好好谈，别因为谈恋爱而荒废了一切。这世上最美的是爱情，最不靠谱最脆弱的也是爱情。

你得到了最美丽的爱情，就会失去最昂贵的时间。这如同等价交换，可能当有天你一觉醒来，发现自己被甩在了同代人后面，不用惊慌，努力跟上就好了，毕竟你曾经有过最好的感情，这就足够宽慰自己没有虚度一生了。

其实还想啰嗦很多，但是写不下去了，最近要做的事情太多，导致压力过大，失眠健忘记忆力减退，只能写点短篇，干不动大长篇了，见谅。

最近思考了很多自我的问题，先哲说自我即世界，可能想明白了自己，也就想明白了这个世界了。

后记

半生画了一个圆

这是我的第十七本书，“越努力越幸运，只有足够的量变才能引起质变”这样的话，我已经不知道在不同的平台对多少人说了多少遍。

或许人成名了都是这样，面对不同的记者会遇到同样的问题，于是只好翻来覆去地回答，这种感受大概只有那种不管到哪里演出一辈子就唱一首歌的歌手能够理解。

我还没有真正成名，就已经感受到了这种疲惫和无可奈何。我想努力跳出这种束缚，挣脱这个欲望和名利的旋涡，但结果好像是越陷越深越迷惘了，所以今年的生日，我没有庆祝。

我想以这种不庆祝的方式，让时间停下来，等一等还没有准备好的我。其实时间这种东西，本来就是人类后天发明的，看不见摸不着，你不去想，一年半载是看不到自己有什么变化的。

在我十岁左右的时候，经常会想，三十岁是多么可怕的年纪，我活到三十岁就够了。如今转眼我就要三十岁了，这二十年是怎么过的，怎么这么快就过完了，我说不清，但可以肯定的是，我还没有活够。

村上春树在《挪威的森林》里制造了一种让时间停止的方法，那就是自杀，只有死者永远十七岁。我不知道张国荣的离开，是不是为了让自己的年纪停住，停在了那里，就没有人可以看到他苍老时的样子。

但我想我现在拥有的疲惫感和无奈感，肯定是村上春树和张国荣曾经都有过的，再过十年，等我到了张国荣离开的那个年纪，等我到了村上春树写《挪威的森林》时的年纪，说不定我也会弄清人生这回事。

而在此之前，都是探索。

就像这本书，聊的主题，基本上都是关于成长，关于爱情，关于写作和人生的。可能只有真正的文艺青年，才会对这类话题感兴趣。

现在真正的青年太少了，大部分都是伪文艺青年，区别真伪有一个很简单的办法，那就是看他们是否跟风，真正的文艺青年是拒绝跟风的。

所以我一直想写一个与众不同的东西，尽管我知道日常的存在只要写得真诚也可以打动人心，却无法打动我的心，我只想要特立独行。这种心态成了我的劫难。

特立独行在大多数时候和小众画着等号，而大众常常对应着跟风，不光出版如此，各个行业都缺乏创新精神。

为了创新，我常常深夜独坐，凌晨书写，但收效甚微。因为一方面我渴望着自己有大把的时间，厚积薄发。另一方面又要面对无数的俗事，浪费大把的精力，而且付出之后得到的回应也常常让我感到困惑。

比如说口碑，我出版过的畅销的书口碑都没有不畅销的好，在我疯狂写爱情故事的时候，几乎所有读者都要求我回去写历史。但当我真正沉浸在历史故事里的时候，又开始有让我回来写爱情故事的声音。

写到这里，就又回到序言所说的老人小孩骑驴的故事，这样的遭遇就像画了一个规则的圆，所以就此搁笔吧，或许人生在世，只能像一个陀螺，无法停止转动，现实就像一条鞭子，不断地抽打着你，直到有一天你崩溃解体。而在解体之前，永远会有无数个选择来等着我们做决定，好在多数时候，我们可以自己来决定。

最后，感谢出版这本书的编辑朋友，感谢一直以来支持我宽容我的读者朋友们，我们下本书再见。

2015 年 10 月 29 日

于宝丰净肠河公园